자폐, ADHD에 축복이 되는 치유가이드북

언어치료사가 말하는
자폐, ADHD
부모상담서

이명은 지음
신시온 그림

율도국

언어치료사가 말하는 자폐, ADHD 부모상담서

종이책 초판발행 2023년 9월 20일
종이책 초판 2쇄 2024년 3월 20일
지 은 이 이명은
삽   화 신시온
발 행 인 김홍열
발 행 처 율도국
디 자 인 김예나
영   업 윤덕순
주   소 서울특별시 도봉구 시루봉로 286 (도봉동 3층)
출판등록 2008년 7월 31일
홈페이지 http://www.uldo.co.kr
이 메 일 uldokim@hanmail.net
I S B N 979-11-92798-06-6 (13370)

일러두기
책에 나오는 이름은 모두 가명을 사용했습니다

목차

추천사

좋은 교사를 만난다는 건 아이에게 축복이다.

특히나 표현이 어려운 자폐아에겐 더더욱 그러하다.

이명은 선생님의 교육법으로 부모는 자폐가 있는 아이를 낳았다는 어두운 늪에서 헤어나오길 간절히 바라는 바이다.

– 장애인과 비장애인이 함께하는 예술행사를 기획하는 '다리아컴퍼니' 대표이자 자폐인 화가 윤종빈의 엄마. 이은주

장애아동을 키우는 부모들은 끝이 보이지 않는 길을 걷는 것 같다고 한다. 남들보다 조금 느리더라도, 남들과는 조금 다를지라도 우리 아이와 함께 앞으로 나아갈 부모님들께, 이 책을 권하고 싶다

– 사회복지사 김지현

세상이 많이 변했다고 하지만 장애라는 단어는 우리 사회에서 여전히 불편함으로 다가온다. 발달 장애 아동을 가진 부모들이 가장 힘든 건, 현재 아이의 아픔보. 주변의 편견 속에서 온전한 사회구성원으로 함께 성장해 나갈 수 있을까 하는 불안함 때문일 것이다.

이 책은 장애라는 프레임보다 성장이 조금 느린 아이에 대한 작은 관심과 사랑이 세상을 좀 더 아름답게 만들 수 있다는 작가의 따뜻한 시선이 담겨있는 듯하다.

– #16전 17기, 좀 느리면 어때? 저자 정정화

 프롤로그

발달장애, 자폐란 무엇일까요?

사회적 상호작용과 의사소통의 어려움과 제한이 있고, 반복적인 행동이 특징으로 나타나는 발달장애의 일종입니다.

자폐증이 있는 아이들은 뇌와 호르몬 등의 문제로 인하여 다른 사람의 입장에서 생각하기 어렵고 마음을 이해하기 힘들어요. 그 예로 '샐리와 앤 테스트'가 있지요.

〈샐리와 앤 테스트〉

샐리가 공을 상자에 넣고 방을 나갑니다.

앤이 들어와 상자에 있던 공을 바구니에 옮겨 넣고 방을 나갑니다.

"샐리가 들어와서 공을 찾으려 어디를 볼까?"

라는 질문에 일반적인 아이들은 "상자를 봐요." 하고 대답합니다.

하지만 자폐증이 있는 아이들은 "바구니를 봐요."하고 대답하지요.

자폐 아이들은 자신은 보았기 때문에 샐리도 당연히 그 사실을 알고 있을 것으로 여깁니다. 즉, 자폐 아이는, 자신과 상대방이 전혀 다른 지식과 경험을 가질 수 있다는 사실을 모르지요.

샐리의 입장에서, 샐리의 상황에 집중하여 생각하는 것을 어려워합니다. 이것이 바로 '마음이론'입니다.

심리학자 바론 코헨(Baron-Cohen)의 연구에 따르면, 비장애인 어린이 27명 중 23명(85%)이, 다운 증후군 어린이 14명 중 12명(86%)

이, 자폐증(autism) 어린이 20명 중 단 4명(20%)만이 정답을 맞췄다고 합니다. 이러한 부분 때문에 자폐증 아이는 취약한 사회성을 가지게 되고 감정표현과 자기주장의 방법에 어려워합니다.

친구를 사귀고 싶지만 사귀고 유지해 나가는 방법을 습득하기 어렵고, 그렇기에 느끼는 우울감은 혼자만의 시간을 중요시하는 이분적인 생각 때문에 괴로워하지요.

그런 발달 아이들을 위하여 가정에서 가족이, 치료실에서 선생님이, 그리고 본인 스스로가 계속된 노력과 응원이 필요합니다.

일반적으로 비장애인 아이들을 가르칠 때도 반복이 필요하지요.

필요하다면 100번은 반복하여 학습시킵니다.

"밖에서 집으로 돌아오면 제일 먼저 손을 씻자."

"밥 먹은 다음에는 꼭 양치질하자."

아이에게 꼭 필요하고 건강한 습관이기에 쉽고 간단한 말로 반복해서 학습시키고 스스로 할 때까지 우리는 계속 가르칩니다. 그렇다면 자폐증 아이는 어떻게 학습할까요?

1000번은 반복하여 학습시켜야 합니다.

그리고 칭찬해 주어야 합니다.

자폐증을 가진 아이들은 단기 기억이 짧아요. 그래서 매번 반복해 주어야 하고, 행동에 '언어'라는 소리를 심어 상황을 머릿속 장면으로 기억해 놓으면 훨씬 학습하는 데 도움이 됩니다.

이러한 단기 기억들이 모여 장기기억이 되고, 아이의 뇌 속에 저장이 되면 스스로 학습하고 스스로 행동하는데 밑거름이 될 뿐만 아니라 필요한 상황에 언어적 표현이 가능하게 됩니다.

저는 통합발달센터에서 언어치료사로 근무할 당시, 자폐증 아이들을 위하여 놀이와 학습을 동시에 하기 위해 많은 고민을 하였습니다. 발달 아이들의 인지와 지능이 낮다고 해서 마음마저 없는 것이 아니기에 아이들의 마음에 공감하며 즐겁게 놀며 학습하기 위해 노력했지요. 시중에 나와 있지 않은 장난감을 개발하기도 하고 아이에게 맞춤 수업을 진행하기도 하였지요.

단순하고 쉬운 접근에서 복잡하고 어려운 과정을 아이 스스로 '생각' 할 수 있도록 뇌를 깨우기 위해 수업하였습니다. 단순하지만 재미있는 반복 학습은 자폐 아이뿐만 아니라 전반적 발달장애 아이, ADHD 아이 에게도 꼭 필요한 학습입니다.

그리고 가장 중요한 것은 이 학습을 특수치료실뿐만 아니라 가정에서도 함께 이루어져야 한다는 사실입니다.

자폐 아이는 평균적으로 일주일 2번, 1시간씩을 특수치료실에서 언어치료사와 함께합니다. 일주일 168시간 중 2시간이지요.

하지만 가정에서, 학교에서 학습이 이어진다면 시너지효과를 발휘하여 아이 학습의 시간을 줄일 수 있고 스스로 발전하는 모습을 기대할 수 있습니다.

이 책은 자폐 아이뿐만 아니라 전반적 발달장애 아이가 있는 가정과 ADHD 아이의 부모님을 위해 그리고 그 아이들을 가르치는 치료사분들을 위해, 학급에서 발달장애 아이를 학습하는 선생님을 위해, 자폐증 아이 본인을 위해 쓰였습니다.

책을 통해 장애아동 인식을 개선하고 궁금했던 점들을 이해하며 어려웠던 학습과 놀이가 편해지길 바랍니다. 아이의 세상을 함께 들여다보고 손을 잡고 미래를 향해 걸어가는 가족과 부모님을 응원합니다.

1장
우리 아이 어떤가요

1. 우리 아이가 자폐인가요

수업 준비가 한창이었습니다. 한 시간 수업이 종료되면 아이가 가지고 놀던 장난감을 소독하고, 새로운 아이를 위한 장난감들과 과자를 다시 준비하지요. 환기를 한번 시키고 방 안에 다음 수업할 아이가 좋아할 만한 장난감을 꺼내놓습니다.

오늘은 새로 수업을 시작하는 아동이 오는 날입니다. 수업 준비를 마치고 방문을 여니, 36개월 된 여자아이가 어머님과 함께 장난감 자동차를 타고 있었어요.

아이는 혼자 차 안에 앉아 손가락 장난을 하며 시각 추구와 입으로는 "쯔쯔쯔" 하는 무의미한 소리를 반복하고 있었지요. 아이의 어머님은 그런 아이의 옆에서 계속 "빵빵" 혹은 "출발"하며 자동차 놀이를 시도하고 계셨어요.

"안녕하세요, 어머님~ 시아죠?"

"네, 선생님 안녕하세요. 시아야, 선생님께 인사드려야지."

아이는 어머니의 부름에도 계속 자기 손을 바라보며 놀고 있었어요.

"어머님~ 시아랑 같이 교실로 들어오세요."

어머님과 잠깐의 면담을 마치고, 이제 시아와 단둘의 첫 수업을 시작하였습니다.

시아는 엄마가 교실 문을 닫고 나가도 반응하지 않았고 눈앞에 보이는 소꿉놀이 중 케이크 구체를 바닥에 놓고 빙글빙글 돌리며 놀았어요.

저는 시아가 노는 모습을 보며 소리로 놀이를 도와주다가 함께 케이

크 구체를 돌리기도 하고 은근슬쩍 다른 소리나는 장난감을 눌러 시아의 주의를 끌었지요.

시아가 좋아하는 것은 제가 불어주는 비눗방울을 눈을 휘둥그레 쳐다보는 것, 케이크 구체를 돌리는 것, 제 책상에 있던 과자를 먹는 것 이렇게 3가지였어요.

저는 아이가 좋아하는 것을 반복해 주며 중간중간에 아이가 어떤 것을 할 수 있고 또 어떤 것을 도와주어야 하며, 어떤 것에 흥미가 있고, 어떤 것을 거부하거나 관심이 없는지 체크하게 됩니다.

50분의 수업이 끝났습니다.

어머님과의 첫 상담이 시작되었지요. 어머님은 제가 미리 드린 아이의 인적사항표를 들고 오셨어요. 저와 한창 아이에 대한 이야기를 하던 어머님께서 제게 물으셨습니다.

"선생님, 저희 아이가 자폐인가요?"

많은 어머니들께서 하시는 질문이예요. 이 질문을 하기까지 얼마나 고민하시고 얼마나 많은 시간 동안 아이를 지켜보며 조언을 받으셨을까요.

어떤 답을 원하시며 질문을 하시었을지, 그리고 답에 대한 어떤 마음을 가지고 계실지 순간 저는 생각합니다.

"어머님, 왜 그렇게 생각하셔요?"

"저희 시아가 눈 맞춤이 잘 안돼요. 상호활동도 잘 안하구요. 그리고 제일 힘든 건 아직 발화(말트임)가 안돼서 말을 못 해요. 저희 아이가 자폐인가요?"

어머님의 질문에 저는 다시 아이를 바라보게 됩니다.

아이는 어머님이 가지고 오신 간식통에 담긴 젤리를 열심히 먹고 있었어요. 저는 아이를 바라보다 말씀드렸습니다.

"어머님, 저는 오늘 시아와 첫 수업을 했어요. 수업하며 첫 번째로 느낀 점은 아직 말이 트이지 않은 시아의 발화(말트임)에 대한 방법을 가르쳐야겠다는 것이었어요. 시아가 불기와 같은 호흡조절에서 약한 모습을 보였고 유지도 어려워요. 말을 하기 위해서는 사실 호흡이 가장 중요하거든요. 그래서 바른 호흡법부터 가르쳐야 겠다는 생각을 했습니다.

그리고 어머님께서도 많이 찾아보시고 오셨겠지만 시아의 약한 눈맞춤, 또 시시때때로 나오는 시각 추구 놀이도 있어요. 그런 부분들이 자폐 아동에게 나타난다는 이야기가 많아서 걱정하시는 부분일 것 같아요. **그런데요, 어머님. 제가 말씀드린 이 부분들은 수업을 통해서 좋아질 수 있어요. 시아는 아직 나이가 어리고 특수 수업을 받아 본 경험이 없기 때문에 보여주지 않는 것들이 많이 있을 거예요. 학습을 통해서 변화하고 성장할 수 있기 때문에 개월 수가 적은 아이들은 병원에서도 선뜻 자폐진단을 내리지 않아요.** 언어재활사들도 수업을 시작하기 전에 자폐에 대한 확답을 하지 않는 것도 아동의 발달에 중요성을 두고 있기 때문입니다. **지금 당장 '자폐 아이입니다, 아닙니다.'는 중요하지 않아요. 물론 시아는 수업을 통한 개월 수에 맞는 발달이 이루어져야 하는 게 맞지만 지금 자폐의 유, 무를 정의하기에는 아이의 변화 가능성이 크거든요.**

"그래요, 선생님... 안그래도 시아 병원에서 의사선생님이 기다려보자는 말씀을 하긴 하셨는데... 그냥 기다리기에는 시아가 다른 사람과 눈맞춤도 없고... 제가 같이 놀려고 하면 혼자 놀려고 장난감을 가지고 도망가버려서... 사회성이 너무 걱정되서요."

"어머님. 시아와 같이 놀이하기 힘드시죠? 눈맞춤을 하지 않는다는 것은 자신의 놀이에 집중하고 있단 뜻이예요. 저는 그럴 때 아이를 부르기보단 아이의 시야에 제가 들어간답니다. 또 작은 예로 아이가 놀고 있을 때는 시선을 끌며 개입하기보단 아이가 좋아하는 장난감을 말없이 슥 하고 아이 놀이에 밀어 넣기도 해요. 그러면 아이도 그걸 받아 자신의 놀이를 계속하거나 싫으면 다른 쪽으로 또 밀어버리지요. **아이가 좋아하는 것을 찾아야 해요.** 물론 수업 초기에는 아이와의 라포(rapport)형성, 즉 두 사람 간의 상호신뢰관계를 위해 이렇게 수업을 진행하지만, 점차 언어를 사용한 개입을 하게 되면서 아이의 언어모방을 이끌어내요. 그러니 어머님, 일단 수업을 진행하며 시아의 발달과 변화를 함께 고민하며 지켜보세요. 아이에 대한 언어적 코칭도 함께 해드리며 궁금하신 것에도 도움을 드릴게요. 어머님 고민에 대한 답은 그때 다시 생각해 보도록 하는 건 어떨까요?"

어머님께서 '네, 선생님. 그렇게 할게요.'하시고는 웃으시며 교실을 나서셨어요.

자폐인지 확인하려면 세가지를 확인해 보세요.

첫째, 아이와 눈맞춤이 가능한가요.

둘째, 아이가 포인팅하며 물건을 지적하나요.

셋째, 호명에 반응 하나요.

자폐는 스펙트럼이라고 하지요. 그만큼 스펙트럼이 굉장히 넓다는 이야기예요. 물론, 발달이 늦은 것과 자폐 성향도 수업과 학습을 통해 많이 좋아지긴 해요.

개월 수가 적은 아이들은 단 몇 개월간의 수업을 통해서 발화(말트임)가 되기도 하고 수업과 학습을 통해 정상 발달의 범위에 들어갑니다. 그래서 빠른 상담과 특수치료가 필요합니다.

자폐 성향은 아이가 커가며 달라질 수 있기에 경계성 특징을 가진 아이들을 자폐라 말씀드리진 못하지만 한 가지 확실한 것은 특수치료를 지금 시작하지 않으면, 아이가 자폐가 될 확률이 높다는 거지요.

유튜브 영상에서도 볼 수 있습니다.
유튜버 언어치료사 slp아이해
자폐가 생기는 이유는 무엇일까요?

유튜브 영상에서도 볼 수 있습니다.
유튜버 언어치료사 slp아이해
가정에서 판단하는 자폐성향 기준3가지

2. 발화(말트임)가 안되는 우리아이

발달센터에 오는 아이들을 크게 두 부류로 나누어요.

'발화(말트임)가 된 아이'와 '발화(말트임)가 되지 않은 무발화(말트임 없음) 아이'입니다. 정상 발달에 비추어 언어가 늦으면 표면적인 문제가 되기에 발달센터를 찾으시는 부모님이 많으세요.

"우리 아이가 말을 하긴 할까요?"

"제발, '엄마'라는 말 한번 들어보고 싶어요."

"말을 이해는 하는데 표현하지 않고 제 손만 끌어요."

선천적인 대뇌의 발달에 이상과 생물학적, 환경적 요인 등으로 발달장애가 발생하게 됩니다. 발달장애는 자폐증, 정신지체, 아스퍼거증후군, 학습, 운동, 언어장애 등으로 나눠집니다.

전반적 발달장애로는 자폐증과 아스퍼거증후군, 부분적 발달장애로는 정신지체, 학습장애, 운동장애, 언어장애가 있습니다. 하지만 자폐증의 75%가 지적장애와 사회적 의사소통의 결여, 사회성 저하, 인지발달 저하 등 여러 기능에서 복잡한 장애가 생기지요.

저 또한 많은 임상 중에 한 번도 똑같은 특징을 가진 아이는 없었어요. 자폐는 각 아이들마다 다양한 모습을 보여줍니다. 아이들이 다 다르듯이요.

그래서 발화(말트임)가 된 후에 아이가 단순 언어 지연인지, 자폐를 동반한 언어발달 지연인지를 고민해 볼 수 있어요. 그러기 위해선 특수치료 중 언어치료와 감각통합 수업이 중요합니다.

'어마', '마마', '빠빠'라는 말은 정상적 발달을 하는 아이의 초어로 많이 나오지요.

가장 쉬운 모음 '아'와 양순음부터 시작하는 거예요. 아이가 '엄마'라는 말을 하기 위해선 우선 호흡, 발성, 조음, 공명이 제 기능을 하며 말 연쇄과정을 이루어야 가능합니다.

무발화(말트임 없음) 아이와의 수업을 할 때 저는 규칙이 있습니다.

첫째, 아이가 내는 소리를 들어보는 것.
둘째, 피리나 비누방울 등 입술을 모아 '불기'가 가능한지 확인할 것.
셋째, 언어표현을 이용하여 의사전달을 하려는 욕구를 확인할 것.

첫째, 아이가 내는 소리를 들어보세요

먼저, 아이가 교실에 들어와 스스로 내는 소리를 들어봅니다.

치료사에게 무언가를 요구할 때 내는 소리도 들어봅니다. 아이의 칭얼거림과 간혹 보호자와의 분리불안으로 인한 울음소리도 들어봅니다. 그리고 기록하지요. 사실, 소리는 많은 것을 담고 있어요.

호흡과 발성, 공명, 조음이 모여 '말'이 됩니다.

- 입술 근육이 발달하지 않은 아이는 모음 소리가 많지요.
- 혓소리가 많은 아이는 전설과 후설의 소리를 구분하여 어느 부위를 사용하는지 알 수 있어요.

  (예 : 전설을 많이 사용하는 아이 : 치조음(ㄷ, ㄴ, ㄹ)
  "가자!"를 "따다"로 발음, "딸기"를 "딸디, 딸니"로 발음

  후설을 많이 사용하는 아이 : 연구개음(ㄱ, ㅋ, ㄲ)
  "사탕"을 "가깡"으로 발음, "나비야"를 "가비야"로 발음

- 호흡과 발성이 부족한 아이는 소리가 작아요. 옛 어르신들이 아기가 울 때 웃으며 "목청 좋다" 하던 말이 아이의 발성을 칭찬하는 말이예요.

둘째, 피리나 비누방울 등 입술을 모아 '불기'가 가능한지 확인 해주세요.

입술에는 '구륜근'이라 불리는 입둘레근이 있어요. 이 근육은 입술을 오므리는 작용을 합니다.

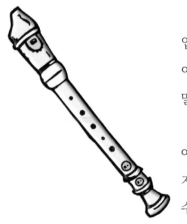

구륜근이 발달하지 못하면 '오, 우' 같이 입술을 오므려 발음하는 원순모음이 힘들어요. 또 'ㅁ, ㅂ, ㅍ' 같이 입술을 닫고 열며 말하는 양순음에도 영향을 미치지요.

또 불기는 복부에 힘을 주며 호흡이 길어야 가능해요. 이를 통해 아이의 호흡이 긴지, 짧은지 피리를 불기 위해 입술을 모을 수 있는지를 알 수 있어요.

셋째, 언어표현을 이용하여 의사전달의 욕구를 확인해주세요.

자폐의 경계성을 판단할 때 중요한 것은 호명, 눈맞춤, 포인팅입니다. 이 세가지가 된다는 것은 의사표현을 위한 사회성을 가지고 있다는 거지요.

이 중 포인팅을 할 때 스스로 내는 소리의 유무가 중요해요.

"아아"

"엄마"

"이거"

언어표현을 이용한 의사전달의 욕구는 아이 스스로 보호자와의 상호작용과 표현의 욕구를 실현하고 있다는 뜻입니다.

자폐아이의 가장 큰 특징인 의사소통의 결여, 상호작용의 약화는 아이가 만든 보이지 않는 벽이 있다는 뜻이에요.

무발화아동 언어치료

유튜브 영상에서도 볼 수 있습니다.
유튜버 언어치료사 slp아이해
'무발화(말트임 없음) 아동의 언어치료'

3. ADHD 우리 아이, 약을 먹여야 할까요?

제가 좋아하는 가바나 작가님의 '유치원의 하루'라는 웹툰이 있어요. 거기에서 제가 제일 좋아하는 글귀가 있습니다.

겨울이 왔다

다음 웹툰 유치원의 하루/작가 가바나

아이들의 몸은 햇빛을 받고 자란다고들 하죠.

그렇다면 해가 짧은 겨울에는 어떨까요?

저는 겨울에 아이들의 마음과 생각이 자라나길 기대합니다.

저도 햇빛과 사랑을 듬뿍 받고 우리 아이들이 자라길 바래요. 그런 마음으로 아이들과 함께하는 수업은 즐겁기만 합니다.

자, 오후 3시가 되었습니다. 다음 수업 아이를 위해 치료실 문을 열어 두었지요. 그때였어요. 현관에서부터 '우다다' 달려오는 소리가 들렸어요. 저는 속으로 '승호가 왔구나.'하고 짐작하고 있었지요.

승호는 현관에서 신발도 벗지 않은 채 달려와 곧장 제 교실로 뛰어왔습니다. 저는 익숙하게 그런 승호를 번쩍 안아 현관으로 데리고 갑니다.

"안녕하세요, 승호야. 신발 벗고 오세요."

"신바, 바!"

승호는 다시 신발을 던져버리고 거실 소파로 올라갑니다. 거기서 멈추지 않고 방방 뛰더니 바닥으로 폴짝 뛰어내리는 점프를 반복했지요. 그런 승호를 보며 승호 어머니는 어이가 없어 웃으시기도 하지만 걱정이 많으십니다.

"선생님, 저희 승호가 혹시 ADHD인가요?"

승호와의 수업 후 어머님이 저에게 조심스레 물으셨어요.

"하하, 어머님, 승호가 활동성이 대단하지요?"

"네... 너무 산만해서. 자꾸 넘어지고 다치고. 집중도 못하고. 약을 먹여야 할지 고민이에요..."

"어머님, 승호 다니는 병원에서 약을 추천해 주셨나요?"

"네. 사실은 약을 추천해주신지 거의 1년 됐어요. 그런데 막상 먹이려니 애가 어리기도 하고 겁이 나서 계속 버티고 있었거든요. 그런데 이제는 유치원에서도 자꾸 전화가 오고. 승호가 언제 어디로 튕겨 나갈지 너무 조마조마해요."

아이가 말이 늦거나 발달에 지연을 보이면 '아이청소년심리상담센터'나 '소아청소년과' 혹은 '소아정신과'를 찾습니다. 하지만 '정신과'라는 이름 때문에 방문을 꺼리다 적절한 시기를 놓치는 사례가 많이 있지요. 게다가 정신과에서 처방해 준 '약'이라고 하면 선뜻 마음이 가질 않지요.

미국에서는 정신과를 가는 것이 부자들의 특권입니다.

몸이 아플 때 병원에 가는 것처럼 행동, 신체적 발달과 마음에 문제가 있을 때도 병원에 가야 하는 데 당장 돈이 없으면 병원에 가기 힘들기 때문입니다.

우리 아이의 정상적인 발달을 체크하고 부족한 점은 부모로서 도와줄 수 있도록 조언을 얻는 것이 중요합니다.

소아정신과에서는 아이에 따라 여러 검사를 하게 됩니다.

당장 지적발달장애 혹은 발달지연 등 결과가 나오기도 하지만 원인불명의 발달지연으로 병명이 나오기도 합니다. 또 어린 아이의 경우 **경계성**으로 아이의 병명이 진단되면 먼저 특수치료를 권해주세요.

경계성 자폐

자폐성 아이들과 비자폐성 아이들의 경계에 위치한 상태. 자폐라고 하기에는 발달상태가 높고 정상이라고 하기에는 무언가 부족한 부분이 있는 단계.

특수치료는 병원에서 받게 되면 실비보험 처리도 가능하지만 대기를 하거나 원하는 시간대가 없을 수도 있어요.

복지관 치료도 비슷하지요. 그래서 가깝고 원하는 시간대에 원하는 시간

만큼 수업을 받을 수 있는 사설발달센터에 다닙니다.

물론 특수치료를 다니게 되면 언어, 감각통합, 특수체육, 미술, 심리, 음악 등 다양한 수업과 장기적인 경제적 지출이 생기게 되므로 바우처 발급을 받는 것이 좋아요.

바우처는 주민센터에서 발급 가능하지만 장애등록으로 인해 보험상 변화가 있을 수 있으니 잘 알아보시고 하시는게 좋아요.

ADHD 증후군 즉, '주의력결핍 과잉행동장애'는 뇌의 문제입니다. 물론 발달지연과 자폐스펙트럼 역시 뇌의 문제이지요.

정확히 말하자면 ADHD 증후군은 뇌의 호르몬 중 도파민과 노르에피네프린 등의 불균형, 뇌 부위의 구조와 기능의 손상으로 인해 생기는 장애 질환입니다.

아동기에 많이 나타나고 행동과다, 주의력 결핍, 주의산만, 감정통제 불능 등 여러 방면에서 어려움을 느끼며 성인이 되어서도 계속 나타나기도 합니다.

행복 호르몬의 대명사라 불리는 도파민과 세로토닌은 즐거움과 만족감, 쾌락 등을 느끼게 합니다.

도파민이 과다하면 신경세포를 흥분시키고 뇌에 신호전달을 조절하지 못하여 아이들이 계속 신나 있지요. 주의 산만도 그래서 생기는 것입니다.

ADHD 증후군을 위한 치료로는 다음과 같이 3가지가 있습니다.

- 약물치료와 부모 상담
- 심리상담
- 놀이치료

아이에게 맞는 약과 양을 조절하기 위한 시간도 1~2년이 걸리지요. 약을 먹으면 식욕이 줄 수도 있고, 수면시간이 줄어들 수 있어요. 그리고 맞지 않는 약을 먹으면 처음엔 아이가 기운이 빠져 축 쳐져있기도 해요. 그럴 땐 담당 의사와 상의하여 약물을 조절하는 게 좋아요.

ADHD약은 걱정하는 것과는 달리 내성이 생기지 않고 뇌의 학습에 영향을 끼치지 않아요. 다만 아이와 잘 맞는 약을 선택해야 하지요. 그러므로 병원에서 권장하였다면, 이 증후군은 아이가 아닌 아이 뇌의 문제이므로 약물치료도 긍정적으로 생각합니다.

하지만, 아이의 주의가 산만하다고 해서 모두 ADHD증후군을 가진 것은 아니에요. 활발하지만 집중력도 강하고 상황에 맞게 잘 행동한다면, 활동성이 좋은 아이일 가능성도 높습니다. 그래서 전문의와의 상담을 통해 정확한 진단을 하는 것이 중요합니다.

ADHD 특징과 치료

유튜브 영상에서도 볼 수 있습니다.
유튜버 언어치료사 slp아이해
ADHD의 원인, 특징, 치료

4. 특별한 우리 아이, 혹 서번트일까요?

몇 년 전 배우 '주원' 씨가 자폐스펙트럼 장애를 가진 천재 외과의사를 연기한 드라마 '굿 닥터'가 방영이 되었습니다.

극 중 '박시온'은 자폐를 가졌지만, 천재적인 재능을 발휘하는 '서번트 신드롬'으로 인해 의학적, 의료적 지식은 물론 암기력도 대단하지요. 하지만 인간관계에서의 공감대와 상호작용의 어려움, 사회의 적응과 규칙에 힘들어하기도 합니다.

병원에서 임시 의사로 일하며 사람과의 소중한 만남, 사랑과 배려로 세상과의 소통을 조금씩 배워가는 이야기입니다.

드라마 방영 중 '박시온'이 담당 의사의 오더도 받지 않고 위급한 환자를 바로 수술방으로 옮겨가는 모습은 웃음도 났지만, 안타까운 마음이 들기도 했습니다.

환자를 살리고자 하는 급한 마음은 알지만 정해진 규칙과 과정은 무시한 채 자신이 원하는 답을 위해 전진만을 고집했으니까요.

KBS2 드라마 '굿닥터' 포스터

다행히 '서번트'적 재능으로 환자의 위험함을 감지해 냈고 동료들의 도움으로 무사히 수술을 마칠 수 있었지요.

'서번트 신드롬'이란 무엇일까요?

서번트란, 사회성이 떨어지고 의사소통 능력이 낮으며 반복적인 행동 등을 보이는 여러 뇌 기능 장애를 가지고 있으나 기억, 암산, 퍼즐이나 음악적인 부분 등 특정한 부분에서 우수한 능력을 가지는 증후군입니다.(서울대학교병원 정신건강의학과 발췌)

즉, 자폐스펙트럼과 발달장애를 가지고 있지만 특정한 부분에서 우수한 능력을 가지는 증후군을 말합니다.

영화 '말아톤'의 실제 모델 배형진님, 영화 '레인 맨'의 실제 모델 김 픽, 동물학자이자 대학교수인 템플 그랜딘, 세계적인 수영선수 마이클 펠프스 등 서번트 신드롬으로 유명한 사람들이 많이 있지요.

그렇다면 드라마 '굿닥터'의 의사가 된 박시온처럼 혹은 알버트 아인슈타인처럼 굉장한 암기력과 대단한 증명을 해야만 '서번트'일까요?

저는 그 질문에 당당히 "아니요!"라고 대답하고 싶습니다.

사실 서번트적 기능은 자폐 아이들과 발달 아이들이 모두 조금씩 가지고 있기 때문입니다.

자폐 아이들은 공감각적이고 기호학적인 뇌부분이 발달되어 숫자나 기호, 모양 등 어느 특정한 부분에 특별히 예민하기 때문입니다. 세, 네 살 짜리 자폐 아이가 몇 백 피스의 퍼즐을 금방 완성해 내는 사례도 있지요. 그리고 경우와 준수의 이야기가 그랬어요.

경우의 이야기

6살 경우는 언어치료센터에 다닌 지 1년이 다 되어갑니다.

언어치료센터에서 수업 후 발화(말트임)를 하였고 지금은 3어절 이상의 문장으로 동물, 사물, 장소, 탈것 등 인지적 표현과 일상 표현을 익히고 있지요.

처음에는 단순한 카드로, 구체로만, 다음엔 문장 그림으로, 책으로, 마지막에는 시간의 흐름을 나타내는 여러 스크립트로 수업을 합니다.

어느 날, 제가 경우에게 물었습니다.

"경우야, 사과가 어디 있지?"

경우는 제가 의도한 카드 대신 사과 글자가 적힌 카드를 가지고 왔습니다. 저는 경우가 오랜 시간 수업을 해서 '사과' 글자를 모양으로 외웠거니 생각했어요. 작은 궁금증이 생겼지요.

경우에게 조금 어려운 글자로만 된 책을 읽게 했습니다. 제가 함께 글자를 짚으며 같이 읽다가 멈추었지요.

"우르르 쾅쾅, 비가…"

"우르르 쾅쾅, 비가 주룩주룩 내려요."

경우는 글자를 읽고 있었어요.

저는 놀란 마음에 수업시간 내내 글자를 함께 읽었지요. 어머님과 상담에서 경우의 이야기를 말씀드리니, 어머님은 크게 놀라셨어요.

"선생님, 저희 아이가 천재인가요? 어떻게 이럴 수 있지요?"

"어머님, 일반적으로 글자를 읽는 것은 학습 없이는 불가능한 일이예요. 경우 혼자서 해냈다는 것은 참 대단하고 대견한 일이예요. 많이 칭찬해 주세요. 하지만 지금은 'ㄱ, ㄴ' 이렇게 글자를 학습했다기보단 통글자로 형태를 외운 것으로 생각돼요. 그렇기에 읽은 글자를 이해하고 적절하게 사용하게 학습을 도와주어야 해요. 경우가 스스로 발전한 만큼 다음 길도 같이 열어주어야 합니다."

준수의 이야기

준수는 주말에 오는 아주 성실한 아이예요.

9시에 와서 100분 동안 열심히 수업을 하지요. 준수는 애교가 참 많아요. 수업 도중 마주 앉아있던 준수가 제 양 손을 자꾸 당겨요. 그래서 제가 말합니다

"준수야, 이리 와. 선생님이 안아줄게"

그러면 의자에서 바로 일어나 저에게 안기지요.

그럼 저는 양팔을 이용해 약한 압을 줘서 준수를 꼭 안아주곤 합니다. 준수는 이 놀이를 참 좋아하지요.

올해 7살의 준수는 '선택적 함구증'이 있어요. 자폐 스펙트럼을 가지고 있는 아이 중에 **'선택적 함구증'**을 가진 친구들이 많아요.

선택적 함구증

특정 상황에서 말하기를 거부하는 증상. 자폐성 장애를 가진 사람의 경우 선택적 함구증 증상은 인지적 손상으로 인한 낮은 표현언어로 인한 경우가 많음(네이버 질병정보 발췌)

그래도 준수는 제가 반복하거나, 주의를 집중시키며 하는 질문에는 대답하지요.

"준수야, 선생님 질문에 대답해야지, 준수야, 준수야?"

계속 준수를 부르며 질문을 하면 준수는 두 손으로 제 입을 막습니다. 그리곤

말하지요.

"말하기 싫어요."

그럼 저는 웃으며 말해요.

"준수야, 말하기 싫어도 선생님이 물으면, 대답해야 해. 그래야 선생님이 준수의 마음을 알 수 있어요. 준수야, 오늘 날씨가 어때요?"

"오늘의 날씨. 오늘의 날씨는 대기 침체로 인하여 미세먼지가 많고 흐립니다. 오전에 비가 오는 곳이 있습니다."

준수의 대답이 어떤가요? 7살 아이의 대답 대신 날씨 뉴스를 듣는 듯하지요?

준수는 기억력이 아주 좋아요. 뉴스를 기억해서 오지요. 트럼프 대통령의 일화도 줄줄이 말하는 아이예요. 처음에는 준수가 어딘가에서 들은 말을 **상동 언어**처럼 반복하는 줄 알았어요.

그런데, 계속 듣다 보니 뉴스라는 것을 알았지요. 준수의 이런 점에 대해서 어머님과 오랜 시간 이야기를 나누었어요.

상동언어

소통에 방해가 될 정도로 무의미한 소리 혹은 언어를 반복하여 말하는 것

"선생님, 저희 아이가 혹시 서번트인가요?"

"**그럼요. 어머님. 한 번 들은 것을 다시 줄줄 외울 만큼 기억한다는 것은 그 부분의 뇌 영역이 아주 발달했다는 것을 의미해요. 준수 진짜 대단하지요? 많이 칭찬해 주세요. 그리고 준수가 뉴스를 듣고 기억한 것을 말하는 재미가 자신의 이야기를 표현하는 방식이 되면 더 좋을 것 같아요. 그러면 다양한 표현방법으로 준수의 선택적 함구증을 조금씩 없앨 수 있지 않을까 생각이 돼요.** 그런 면에서 가정과 센터에서 다양한 프로그램으로 시도해 보고 어머님과 함께 학습해도 좋을 것 같아요."

준수의 언어표현을 위한 프로그램

1. 준수가 외운 뉴스 내용 일상생활에 인용하기(날씨, 경제 등)

준수 : "오늘의 날씨. 오늘의 날씨는 미세먼지가 많고 흐립니다. 오전에 비가 오는 곳이 있습니다."

선생님 : 준수야, 오늘 비가 오는구나. 비가 오면 뭘 써야하지?

준수 : 우산을 써야 돼요.

선생님 : 준수 오늘 우산 쓰고 왔어요?

준수 : 네, 우산 쓰고 왔어요.

선생님 : 준수, 대답 참 잘했어요!

2. 준수가 인용한 문장 반복하여 활용하기

선생님 : 준수야, 비가 오면 뭘 써야 하는지 엄마께 말씀드려.

준수 : 엄마, 우산을 써야 돼요.

엄마 : 응, 준수야. 비가 오면 우산을 써야 돼요?

준수 : 네, 엄마 비가 오면 우산을 써야 돼.

엄마 : 준수, 엄마에게 이야기 참 잘했어요!

경우와 준수 말고도 작지만 특별한 재능을 가진 아이들이 많아요.

- 사물의 바뀐 자리를 3초 만에 찾아내는 장은이
- 덧셈과 뺄셈 암산이 가능한 서현이
- 선생님이 방금 먹은 간식을 냄새로 맞춰내는 윤서
- '뽀로로'의 한 편을 다 외우고 있는 수현이

어느 한 부분의 뛰어난 재능을 살려주기 위해선 기본적인 말하기, 대화하기, 쓰기, 읽기가 가능하여야 한답니다. 그리고 그런 능력들이 뇌 속에 협응이 될 때 제대로 사용할 수 있지요.

서번트는 재능입니다. 그것을 기적으로 만들기 위해서는 아이들의 학습과 뇌훈련이 필요합니다.

자신만의 특별한 재능을 가진 아이들을 위한 뇌훈련 소개

1. 시각이 예민한 아이(시각이 뛰어나거나 둔한 아이)
 - 시각이 뛰어난 아이(시각적으로 파악한 물건, 행동, 장소 등을 언어와 글쓰기 등 표현하기, 자기 생각 넣어서 이야기하기)
 - 시각이 둔한 아이(시각적으로 사물을 파악하기, 보기 집중하기, 보기 집중력 유지하기, 본 것을 그대로 언어로 표현하기, 본 것을 그대로 언어로 표현하며 자신의 느낀점 언어, 글로 쓰기)

2. 기호학적 부호에 예민한 아이
 - 숫자와 알파벳 공부하기. 공부한 숫자와 알파벳 말하고 쓰기.
 이야기 속에 숫자를 넣어서 아이의 흥미 전폭시키기
 (예 : 엄마에게 사과 3개, 아빠에게 포도 2개, 동생에게 사과 1개가 있어요.
 사과는 총 몇 개가 있을까요?)

3. 냄새에 예민한 아이
 - 자각한 냄새를 언어, 글로 표현하기. 자신의 느낌, 냄새에 대한 생각 말하기
 - (예 : 엄마가 주신 반찬에서 맛있는 냄새가 났다. 그래서 엄마에게 "와, 맛있겠다. 잘 먹겠습니다."라고 말했다.)

4. 청지각적 기억력이 예민한 아이
 - 자신이 듣고 기억한 문장 일상생활에 활용하기.
 창욱 : 와, 뽀로로다. 우리 생일파티하자.
 선생님 ˙ 창욱아, 선생님두 같이 생일파티 하자.
 창욱 : 선생님, 생일파티해요.
 선생님 : 촛불에 불을 붙여요. 생일 노래 불러주세요.
 창욱 : 생일 축하합니다.

저희 아이, 이렇게 성장하고 있어요

이 글은 필자와 인연을 맺고 함께했던 학부모님과의 문답입니다.

〈행복한 화가 윤종빈〉

동그랗고 예쁜 눈과, 앙다문 입술을 가진 종빈이는 제가 화성에 근무할 때, 약 1년간 언어치료를 진행했던 아이입니다.

짜증이 나면 돌고래 소리를 내었고, 비언어적 표현이 익숙하지만 자신의 욕구를 분명히 표현할 줄 알아서 된장찌개를 먹고 싶으면 뚝배기를, 라면이 먹고 싶으면 양은 냄비를 가져오는 아이였어요.

하지만 눈앞에 없는 사물과 감정적 표현, 다양한 상호작용을 위해서는 언어가 필수적이기에 저와 언어치료를 시작하였고 곧 조금씩 말을 하기 시작하였습니다. 이윽고 발화(말트임)하여 말했고, 의사 표현이 늘어나고 능동적 활동도 많아졌습니다.

그 후 종빈이의 부모님은 아이의 미래를 위해 제주도로 이사를 하였고 종빈이가 마음 놓고 뛰어놀 수 있는 자유로운 환경을 만들어주셨습니다. 그런 부모님의 결정에 종빈이는 엄마와 함께 '영혼을 그리는' 행복한 화가가 될 수 있었습니다.

그런 어머니께, 종빈이에 대한 질문을 드렸습니다.

저자) 아이가 첫 특수 수업을 받게 된 계기는 무엇이었나요. 방문병원의 의견은 어땠나요?

종빈맘) 아이는 엄마와 상호작용이 좋은 편이었으나 돌 무렵부터 다른 사람과의 반응이 전혀 없었어요. 가족 외엔 쳐다보지도 않는데 그 부분이 그렇게 문제가 될 거라곤 예상을 못 했지요. 간단한 언어. "엄마, 아빠, 형아, 물, 우유" 정도 했었고 약 18개월 무렵부턴 벨소리, 외부인 무반응, 아무런 목소리도 내지 않았습니다. 그리고 36개월쯤 대학로에 있는 신경정신과에 다니기 시작했어요. 자폐 진단을 받았습니다.

저자) 몇 살 때 어떤 특수 수업(치료)부터 시작하였나요? 동시에 병행한 수업은 어떤 것이 있을까요?

종빈맘) 36개월 무렵이었어요. 언어치료와 감각통합 수업을 병행했습니다. 주 언어 2회, 인지 1회, 감각통합 2회 수업을 진행하다가 약 1년 후 감각통합 선생님의 권유로 감각통합 수업은 종료하게 되었습니다.

그 후 6~7세 무렵 강남복지관에서 언어치료 주 3회, 음악치료 1회씩 받았으나 큰 변화가 없어서 초등 2학년 때 경기도 화성에 있는 'OOO언어치료센터'를 다니면서 이명은 선생님을 만나 발화(말트임)를 하게 되었습니다.

■ 종빈이와 진행한 수업

종빈이는 처음부터 단어 따라하기가 가능한 아이였습니다. 하지만 타인에게 자신이 할 수 있는 말을 보여주지 않았고 그렇기에 언어적 자신감이 적었습니다. 목소리도 작아 표현이 서툰 아이였지요. 또 수업 중 종빈이의 주의집중을 계속 끌어내지 않으면 선생님의 말을 따라하다가 다른 곳으로 시선을 옮기고 혼자만의 생각에 빠지기 일쑤였습니다.

처음에는 종빈이와 친해지기 위해 장난치기, 놀이하기, 노래부르며 박수치기, 종빈이가 좋아하는 물건 함께 보기, 간식 먹기를 진행하다가 수업 중 10분 ~20분씩 단어 따라하기를 하였고 그 시간을 점차 늘려가며 집중력을 키웠습니다.

수업에 집중력이 생긴 종빈이는 단어를 넘어 문장을 함께 읽게 되었고 간단한 대답하기도 가능해졌습니다. 그리고 짧게나마 자신의 생각을 언어로 표현하기 시작했습니다.

하지만 여전히 목소리는 작았고 유도하지 않으면 먼저 나오는 자발(스스로 발화) 자체가 작은 것은 아동의 기질이라 생각하였기에 아이가 언어를 먼저 사용할 때 칭찬해 주며 소리를 더 이끌어 주는 방법으로 수업을 이어갔습니다.

약 1년간 수업을 받았고 종빈이의 성격이 활발해지며 뛰어놀자 발달센터에서 언어, 수영 수업을 받았습니다. 현재 제주도로 이사 온 후 재활 승마, 그리고 미술수업 등을 하고 있습니다.

저자) 특수 수업(치료)을 받으며 아이에게 가장 효과적이었던 것은 어느 것이었나요?

종빈맘) 가장 효과적인 수업은 체육(수영, 승마)이었습니다. 남학생 특성상 좋아하는, 즐거워하는 수업이라 그런지 수업 후면 스트레스가 풀렸음을 확연히 느낄 수 있었어요. 표정도 밝아지지만 좀 차분해진다는 느낌이 들었습니다.

두 번째로는 미술수업입니다. 외부 미술수업은 2주에 1번, 제주에 있는 갤러리에서 작가님이 도와주셔요. 그 외 틈틈이 가정에서 함께 그림을 그리는데 저흰 주로 커다란 평상 아래서 작업을 합니다.

때로는 맨발로 바람, 새소리, 햇살 등을 함께 느끼며 하는 작업에서 아이는 굉장한 평온함을 느끼는 듯 보입니다. 이때 언어적인 자극을 많이 주려고 노력하고 있습니다.

저자) 아이가 잘 성장하고 발전하게 되었던 학습이나 가정에서의 시도 혹은 특별한 취미가 있을까요?

종빈맘) 발전하게 된 학습은 아니지만 하나의 에피소드를 들려 드릴게요. 아이가 초등학교 입학 무렵 일반 학교를 진학할지, 특수학교에 진학할지 큰 고민이었습니다.

아이는 소·대근육은 별 이상 없는 상태였고 과격한 행동을 하지 않았지만, 언어, 외부 적응, 인지능력이 부족한 상태라 특수학교에 진학했다가 별 발전이 없으면 어쩌나, 또 일반초등학교에 진학했다가 적응하지 못해 아이와 부모가 상처를 받으면 어쩌나 결정하기 힘들었어요.

그러다가 특수학교에 진학하게 되었는데, 특수학교에 다니면서도 비장애 아이들과 어울릴 기회를 주지 못한 게 너무 미안해서 종빈이의 일반학교 특수반 전학준비까지 한 적이 있었습니다.

그때 아이 학교 선생님께서 말씀하시길

"종빈이는 특수학교 와서 편안히 보호, 관심받으며 자랐기에 이렇게 밝고 행복해 보일 수도 있습니다."

그 순간 뭐가 중요한지 알았어요. 비장애인 아이들과 함께 생활하며 그 생활을 따라가고, 모방하는 것이 아니라, 아이가 안심하고 행복해하는 공간. 자신을 믿고 도와주는 사람들. 그것이 종빈이에게 가장 중요한 것이라는 점을요. 그 후로 전학에 대한 생각은 접었습니다.

현재 가정에서 그림을 그리고 저와 함께 전시도 하고 있답니다. 자폐인 작가로서 한 걸음씩 걸어 나가고 있어요.

비록 인지능력이 떨어지지만 자신의 그림이 전시장에 걸려 있고 스포트라이트를 받는 그 기분을 만끽할 줄 압니다. 스스로 자랑스러워하는 모습에 부모로서 아주 뿌듯합니다.

저자) 아이를 양육하여 세웠던 기준이나 혹은 믿었던 아이만의 가능성은 어떤 것이었나요?

종빈맘) 아이가 말을 하게 되면 많은 것들이 좋아질 거라 믿었어요. 발화(말트임)를 하게 되었고, 현재 수다쟁이처럼 말을 많이 하진 않지만 그 믿음은 여전히 가지고 있어요. 하지만 새롭게 깨달은 건 말보단 심리적인 안정입니다. 발달장애 아이들은 감정의 기복이 워낙 심해서 최대한 안정적으로 키우는 게 가장 중요하다고 생각해요.

우리 아이는 주로 경험했던 사진들을 보여주며 뭔가 답을 찾으려고 하는 습관이 있어요. 예를 들자면 사탕 사진을 보여주면서 "이거, 이거" 하지만 저는 뭔질 모르고 계속 이 이야기, 저 이야기를 하게 되는데 아이는 다 듣고 있다가 자신이 원하는 대답이 나오면, 그제야 화제를 돌립니다.

아이가 내 말들에서 답을 찾으면 곧바로 따라하게 하고 이런저런 질문을 하기도 합니다. 제가 원하는 대화의 방식은 아니지만 그 순간들이 쌓이면 분명히 언어적인 발전에 효과가 있으리라 생각합니다.

아이는 주로 사탕, 도너츠, 과일주스 등 달콤한 맛으로 자신을 즐겁게 해주는 간식거리를 주로 그리려고 합니다. 함께 얘기 나누기 소재로 아주 좋아요. 현재 아이의 가능성은 미술 쪽으로 방향을 이끌고 있으나 아이에게서 특별한 재능이나 자신의 만족도가 낮을 경우(종빈이가 스스로 그림 작업이 행복하지 않다면) 바로 다른 길로 갈 생각입니다.

저자) 아이의 성인기와 미래에 대한 어떤 생각을 하시나요?

종빈맘) 아이가 성인기에 자립을 하고 자폐인을 받아주는 기업, 단체로부터 일자리를 제공받아 조금이라도 사회와 어울리면 좋겠으나 이는 사실 너무나도 어려운 과제입니다.

많은 자폐인들이 취업 과정에서 겪는 상처는 다양해서 어쩌면 부모의 능력이 되는 한 계속 함께하고 싶단 생각이 들어도 이 또한 어려운 상황입니다.

종빈이가 미술을 시작한 지 얼마 안 됩니다. 하지만 작가가 될 가능성이 있다면 최대한 도와주고자 합니다.

종빈이와 함께 작업, 전시한 뉴스 자료입니다. 이 자료를 통해 많은 발달 아이 부모님들이 희망을 가지고 내일을 향해 걸어나갈 수 있는 힘이 되었으면 좋겠습니다.

종빈이와 함께 그림을 그리는 종빈의 어머니 '다리아컴퍼니'대표 이은주님

KBS news 제주 2022. 04. 06. 장애와 비장애를
넘어 '예술로 동행' 뉴스 영상

시사매거진 문화예술공간 몬딱갤러리 '봄, 피어나
다' 기부전 개최. 2022. 4. 1.

유튜브 영상에서도 볼 수 있습니다.
유튜버 언어치료사 slp아이해
발달장애인 아이와 어머니의 콜라보 전시회
'어머니의 독백'

5. 말이 늦는 아이들의 언어 교육

"제 아이가 말이 느려요."
"우리 조카가 말을 잘 못해요."
"제 손주가 언어사용이 힘들어요."

모든 발달과 성장은 모방과 경험에서부터 시작합니다. 모방과 경험이
적으면 발달이 늦어질 수밖에 없고, 발달해야 하는 시기에 정상적 발달
하지 않은 지능, 근육, 신경계는 한 박자 늦춰진 채로 성장을 따라가야
만 합니다.

저는 언어치료사로서 아이들의 언어발달 수업을 진행하면서, 주변의
많은 요청과 근심 걱정을 들으며 집에서 가족과 할 수 있는 언어 수업,
간단한 놀이식 언어 교육은 어떤 것이 있을까 고민하던 차에 몇 가지 방
법을 제시할까 합니다.

간단한 놀이식 언어교육

첫째, 아이의 모든 소리 칭찬해주기

둘째, 아이에게 쉬운 말 들려주기

셋째, 아이가 해야 할 말 대신 해주기

넷째, 아이가 말을 할 때까지 기다려주기

첫째, 아이의 모든 소리 칭찬해주기

아이도 스스로 자신이 말이 느리다는 것을 알아요. 그래서 언어 자존
감은 낮고 언어적 표현 대신 행동으로 요구하거나 손짓으로 말하지요.
그런 아이의 모든 소리에 반응해 주시고 응원해 주세요. 완벽하지 않은
단어도, 장난삼아 낸 소리에도 아이의 말에 칭찬해 준다면 스스로 언어
모방에 관심을 가지고 흥미가 생깁니다.

둘째, 아이에게 쉬운 말 들려주기

"라희야, 친구한테 라희 딸기 과자 줄 거야? 아이, 착하다"
이런 말 대신에
"친구, 과자 먹어, 잘했어, 라희야!"
긴 문장 대신 짧은 단어와 소리로 아이가 기억할 수 있게 도와주세요.
어떤 물건이 '과자'인지, 어떠한 행동이 '먹어' 인지 아동이 인식하고 외
울 수 있도록 쉬운 말로 함께 해 주세요.

셋째, 아이가 해야 할 말 천천히 대신 해주기

"누나, 기다려.", "문, 열어"
상황에 따라서 아이가 해야 할 말들을 천천히, 대신 해 줍니다. 어른
이 먼저 '말 시범'을 보여주는 것이지요. 이럴 땐, 이런 말, 저럴 땐, 저
런 말을 입 모양을 보여주며 천천히 해 줍니다. 아이가 스스로 할 수 있
게끔 도와주세요.

넷째, 아이가 말을 할 때까지 기다려주기

"아빠한테 사과 줘? 사과받아요."

하고 아이가 할 말들을 대신해 주었다면, 이제는 기다리는 시간입니다. 단순히 '아빠' 단어부터 시작하여 '사과', '받아'까지 서툴고 불완전하지만, 아이의 소리 시도를 조금 기다려 주세요. **칭찬해 주기, 들려주기, 대신해 주기 다음은 기다려 주는 것입니다.** 물론 사과를 받는 아빠의 손은 사과를 받을 듯 말 듯 왔다 갔다 해주셔야 아이가 장난이라 느끼며 가볍게 도전해 볼 수 있습니다.

가정에서 할 수 있는 언어 수업은 장난감을 가지고 하는 놀이 수업도 함께입니다. 그리고 실사물 말하기와 가족명칭, 장소, 동물 등 단어로 시작하여 점점 문장으로 늘려가는 것이 좋습니다.

아이의 언어가 단어 말하기에서 문장으로 넘어갈 때도 너무 조급해 하지 마시고 다음 상황일 때 문장 수업으로 넘어가 주시면 좋습니다.

- 단어 말하는 것이 물건을 보고 바로바로 나올 때
- 50개 이상의 단어 말하기를 질문 없이 아동 스스로 시도할 때
- 아이가 물건 말하기 뒤에도 옹알옹알 무언가 말을 이어갈 때

유튜브 영상에서도 볼 수 있습니다.
유튜버 언어치료사 slp아이해
'말이 늦는 우리 아이, 혹시 언어지연?'

6. 말이 트인 아이. 발음이 먼저일까, 문장이 먼저일까?

언어 수업을 받은 아이, 드디어 우리 아이가 말을 하기 시작했습니다. 단어를 말하기 시작하고, 짧지만 상황에 맞는 문장이 나오면서 언어 자존감도 높아지고 수다쟁이가 된 아이를 발견합니다. 자기가 말을 하고 있다는 것과 자신의 욕구를 언어로 표현했을 때, 이루어지는 것을 보며 아동은 성취감과 기쁨을 느낍니다.

이 시기의 보호자는 고민은 바로 **조음**문제입니다.

조음 (調音)

말소리에 관여하는 발음 기관(성대, 목젖, 혀, 이, 입술)의 움직임을 통틀어 이르는 말.

"선생님, 우리 아이 발음이 확실하지 않아요. 말이 예쁘게 **조음** 수업 좀 부탁드려요."

발화(말트임)를 막 시작한 아이 엄마의 고민은 발음이었습니다. 아이의 어눌한 발음이 항상 마음에 걸리신다며 집중적인 조음 수업을 요청하신 것이지요.

말이 트인 아이. 발음이 먼저일까요, 문장이 먼저일까요?

문장으로 넘어가기 전, 명명, 단어단계에서 발음을 예쁘게 교정하고 다음 진도로 넘어갈 것인지, 문장으로 발화(말트임)의 길이가 길어진 다음에 발음을 교정할 것인지, 그 순서에는 답이 없습니다. 하지만 확실한 것은 아동의 발달을 고려하여 판단해야 한다는 것입니다.

말을 시작한 아이, 사물을 말하기 시작한 아이는 말이 재밌어집니다. 자신의 소리가 예쁘고, 답답했던 그동안의 행동표현을 언어로 간단히 할 수 있으니까요. 그래서 말도 많이 하고 수다쟁이가 되는 것이지요.

여기서 조금 더 수업을 진행하면 2어절, 3어절의 발화(말트임)에서 문장으로 완성이 됩니다. 그러면 한두 문장으로 장문의 발화(말트임)가 지속 되는 것이지요.

말을 연속으로 한다는 것은 단순히 명칭 뿐만 아니라 자신의 기분, 상황, 상대방의 상태, 그리고 앞으로 일어날 일들을 말할 수 있다는 것이기에 아동의 두뇌발달과 연관이 아주 깊습니다.

눈에 보이는 현 상황과 시간의 개념으로 지나간 일들, 현재의 상황, 일어날 일까지 머릿속에서 그림으로 그려가며 그것을 언어로 뱉어내는 일련의 뇌 과정들이니까요.

그동안 들었던 많은 언어표현을 자기 것으로 만드는 귀중한 시간입니다. 하지만 발음교정을 하지 않으면 제대로 된 의사표현을 전달하기 힘듭니다.

"뭐라고 했어?"

자신의 말을 한번에 알아듣지 못하는 주변 사람들의 물음에, 아이는 위축되지요. 그래서 명확한 발음도 이 시기에는 굉장히 중요합니다. 발음이 예뻐지기 위해서는 반복이 필요합니다.

1. '가'에서부터 '하'까지 잘하는 발음과 어려운 발음 나누기.

2. 조음 위치별로 발음 연습하기.

3. 잘하는 발음과 어려운 발음 중 어떤 것을 먼저 할 것인지 결정하기.

4. 어려워하는 발음을 아이의 언어 자존감을 유지하며 어떻게 수업할 것인지 고민하기.

5. 언어치료실 외 가정에서 할 수 있는 조음 숙제 생각하기

입술이 잘 붙지 않아 양순음(ㅂ, ㅃ, ㅍ)이 힘든 아이는 입술과 자기 손바닥을 '뽀뽀'하며 입술 붙이는 소리연습, 볼에 바람을 빵빵하게 넣었다가 빼내며 '푸'하고 입술을 푸는 연습을 많이 합니다.

경구개음(ㅈ, ㅉ, ㅊ)이나 치조음(ㄷ[t], ㅌ[th], ㄸ[t'], ㄴ[n], ㄹ[r])이 약한 아이들은 설압자(혀 누르개)를 이용해 혀가 닿아야 할 위치를 알려주고 그 위치에서 혀를 쓰게끔 연습합니다.

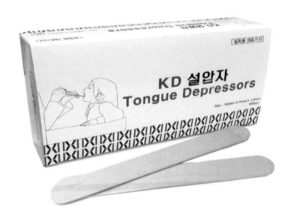

발음과 문장과의 고민, 제가 결정한 수업방식은 아이의 언어 발전 속도에 맞춰, 방법은 다르지만 두 가지를 동시에 진행하는 것입니다. 어떤 것도 포기할 수 없고 늦출 수 없는 중요한 문제이기 때문입니다. 물론 아동의 부모님과 상의하에 이루어지고 조음수업과 문장 만들기가 동시에 들어가므로 속도는 느릴 수 있습니다.

그렇지만 발화(말트임)를 시작하여 언어에 재미를 느끼는 아이의 수업으로 '어떤 것'을 나누는 것은 한계를 설정하는 것과 같다고 생각합니다.

그렇기에 아동의 한계를 생각하지 않고, 자유로운, 재미있는 언어치료를 이끌어가기 위해 노력합니다. 시간은 조금 지체되더라도 아이의 발달상 더 이상 늦출 수 없는 발음교정과 문장구사력의 발달을 위해 수업하는 것이 아이의 언어에 긍정적인 영향을 미치기 때문입니다.

물론, 아이가 좋아하는 수업 내용으로 진행하는 것이 더 효율적입니다. 인형놀이, 수수께끼놀이, 그림그리기, 퍼즐맞추기 등 아이가 원하는 수업으로 하되, 언어를 따라오게 하는 방법이 좋을 것 같습니다.

언어가 늦다고 아이가 모든 것에 늦음이 있는 것은 아닙니다. 아이가 잘하는 것으로 선생님도, 부모님도, 주변 사람들 모두가 시선을 돌려주세요. 칭찬할 것이 가득한 우리 아이니까요.

7. 언어가 늦는 아이, 자폐인지 검사받고 싶어요

　3, 4살이 되는 아이는 나이는 꽉 찼지만, 개월 수가 적은 아이도 있지요. 청소년이 되었을 때는 문제가 없지만 이렇게 어린이집이나 유치원에 다니는 아이들은 반년만 개월 수가 차이 나도 언어와 놀이 형태가 늦어 보입니다. 그리고 아이 자신도 그 부분을 알고 위축되고 혼자 놀려고 하는 경향을 보이기도 하지요.

　우리 아이, 언어만 늦는 것인지 아니면 정말로 지적장애나 자폐가 있는 것인지 불안하고 고민인 부모님들이 참 많습니다.

　예민한 질문이기에 보육 교사의 입장에서도 선뜻 무어라 답하긴 어렵지요. 그래서 아동의 현 발달, 우리 아이의 발달상태를 체크하기 위해 병원의 검사를 의뢰하는 경우가 있습니다.

　세부적인 검사를 위해서는 2차, 3차 병원으로 가야 하는 데 아이가 계속 다니던 소아과에서 혹은 가까운 소아정신과에서 소견서를 받아 대학병원으로 가면 됩니다.

　대학병원에서 아동의 발달 체크를 위해 가장 많이 하는 검사로는 CARS검사, CAT, 뇌파검사, 풀배터리(Full-Battery)검사가 있습니다.

〈CARS 검사〉

아동기 자폐증 평정척도(CARS)검사입니다. 임상심리사가 보호자와의 면담 및 아동의 행동을 직접 관찰하면서 자폐 증상이 어느 정도인지 평가합니다.

검사 문항

● 아동의 일반적인 반응
● 감각 문제 여부
● 언어적 의사소통능력
● 비언어적 의사소통능력
● 타인과 상호작용하는 방식
● 강박과 패턴의 여부
● 모방과 지적 수준
● 정서적으로 적절 반응
● 신체 사용능력

아동의 검사가 끝나면 각 검사 항목마다 점수를 합산해서 나오는 점수로 자폐 정도를 판단합니다. 또 임상심리사가 의심되는 항목을 세밀하게 물어보면서 점수를 수정하기도 합니다.

검사 시간은 비교적 짧지만 전체적으로 임상심리사의 의견 그리고 보호자의 주관도 들어가기에 경증, 고기능 자폐의 경우 점수가 다를 수 있습니다. 그래서 객관적 평가가 조금 어렵다는 지적도 있습니다.

〈뇌파 검사〉

병원과 뇌기능검사가 가능한 센터에서 받을 수 있습니다. 아동의 뇌가 정상적으로 발달이 잘되어 가고 있는지 확인하고 뇌의 어느 부분이 미흡한지 뇌파로 체크 가능합니다. 사실, 뇌파검사는 경기, 경련을 하는 아이들에게 많이 하는 검사입니다. 어린 아동은 약물없이 수면 중에 진행하기도 하고 수면유도제를 복용후 검사하기도 합니다.

뇌파검사를 통해 나온 뇌기능 결과로 ADHD 진단을 받을 수 있고 그에 맞는 뇌기능 훈련도 추천합니다.

뇌기능 훈련을 통해 발달한 뇌는 퇴행이 없다는 말이 있어 약으로 치료하는 것보다 긍정적인 반응을 얻고 있습니다. 하지만 치료비용이 고가라는 단점이 있습니다.

〈풀배터리 검사〉

아동, 청소년, 성인의 현재 마음 상태를 알아보기 위한 전체적인 심리검사를 말합니다. 이는 다각적인 측면에서 현재 상황을 파악하여 문제를 살펴보거나 잠재적인 위험 요인을 살피는 데 도움이 됩니다. (출처 네이버 백과)

풀배터리검사는 종합 심리검사로 심리 발달적인 상태를 전체적으로 파악하기 위해 하는 검사입니다.

검사 항목

웩슬러지능검사, 그림검사(HTP), 다면적 인성검사, 투사적 성격검사,

동적가족화(KFD), 문장완성검사, 로샤검사, 벤더게슈탈트검사가 있습니다.

발달장애를 가진 아이들이 가장 대표적으로 검사로 자폐증과 ADHD, 장애판정을 위한 필수검사입니다.

대학병원은 대기가 길 수 있기에 대기를 걸어두고 검사가 가능한 센터나 거주지역 소아정신과에서 먼저 받으시고 아동의 경과를 지켜보며 특수 수업을 먼저 시작하는 것을 권장합니다.

검사 비용은 병원마다 다르고 대기기간도 다릅니다. 오래 걸리는 병원은 6개월에서 몇 년을 대기하기도 합니다. 그러면 그 대기시간을 기다리며 애태우지 마시고 가까운 통합발달센터를 찾아보는 것도 추천해 드립니다.

통합발달센터는 국가 자격증을 가지고 국가바우처 사용이 가능한 센터와 자격증은 있지만 교육청에 등록하지 않아 국가바우처 사용이 불가능한 센터가 있습니다. 또 복지관의 언어치료, 병원과 연계된, 실비 보험으로 치료비용 처리가 가능한 언어센터도 있습니다.

거주하시는 지역의 맘카페에서 추천받아 두 군데, 가까운 센터 한 군데 이렇게 상담받아 보시는 것이 좋습니다. 물론 가까운 곳이 아이가 수업 다니기에 가장 좋지만, 유명한 곳은 그 이유가 반드시 있고 오랜 임상과 경력자 선생님들로 아동의 치료센터 적응 기간을 줄이고 단순 언어지연이라면 발화(말트임)하는 데 걸리는 시간이 단축될 수 있습니다. 언어치료를 받으며 병원의 검사를 기다리는 것도 좋은 방법입니다.

장애 등록을 해야하나

병원검사를 받으셨다면, 우리 아이가 자폐 혹은 전반적인 장애가 있는 것으로 되었다면, 장애등록을 할 것인가, 말 것인가에 대한 고민을 다시 하게 됩니다.

장애 등록은 대학병원 정신과 의무기록지와 진단 서류, 최근 3개월 안에 받은 검사지를 발급받아 주민센터에서 하게 되고 지역에 따라 4~5주 정도 걸립니다.

재판정 주기가 있기에 장애 등록이 되고 7년 후에는 재검진을 받아 재등록하여야 합니다. 장애에 대한 보험 진단금도 수령 가능합니다. 또 보행성 장애가 인정되는 경우에는 주차증도 나옵니다.

장애를 등록하게 되면 어떤 면에서는 우리 아이의 다름을 인정하는 의미이기에 선택하지 않는 부모님도 계십니다.

장애등록을 하지 않고 비장애인 아이들과 함께하는 경험을 늘리고 발달센터의 치료를 지속하여 아동의 발달을 올려주려는 마음이지요. 저는 언어치료사로서 어떤 방향이든 나쁘지 않다고 생각합니다. 중요한 것은 장애등록이 아니라 아이와 가족이 함께 노력하는 것이기 때문입니다. 그리고 노력에는 반드시 좋은 결과가 있을 겁니다.

집에서 아이와 놀이하며 학습하는 장난감 만들기

1. 가족과 관련된 명칭, 소유물, 인과관계 등 이해를 돕는 장난감

독사진으로 가족사진을 준비합니다.

아이가 좋아하는 자동차, 동물, 사운드북에 찍찍이 스티커를 이용하여 가족사진을 찍찍이로 붙였다 떼었다 합니다.

"엄마 자동차"

"아빠 기린"

"아빠가 버스를 타고 회사에 가요."

2. 미술을 좋아하는 아이와 그림그리기, 만들기

색칠을 좋아하는 아이, 그림그리기를 좋아하는 아이와 그림을 그립니다.

형태가 있는 그림은 오려서 장난감 인형으로 상황극을 합니다.

형태가 없는 난화기의 그림은 십자가 형태로 오려서 접어 종이공을 만듭니다.

주고 받으며 놀이하고, 색깔별로 구분하는 놀이를 합니다.

3. 종이찢기 놀이

소근육에 가장 많이 도움이 되는 놀이로 가장 단순한 놀이입니다.

아이와 신문지, 종이, 달력 등을 손으로 찢어서, 뭉쳐서, 통 안에 던지기 놀이를 합니다.

놀이가 끝난 다음에는 정리하는 일도 놀이처럼 즐겁게 익숙해지도록 가르쳐줍니다.

스스로 뇌를 깨우는 수업

　자폐, 발달지연, 뇌병변 아동 등 장애를 가진 아이들은 반복적인 수업을 통하여 지식을 늘려갑니다.

　아동의 뇌가 퇴행을 보이기도 하며 비장애인 아동들의 학습처럼 금방 습득하기에는 자폐 아동의 뇌 기능이 활성화되지 못한 이유입니다.

　하지만 반복적인 수업으로 인하여 스스로 생각하지 않고 '자동인출' 식으로 공부시간을 보내는 아이도 있습니다.

　선생님의 말과 행동을 무조건적으로 따라하는 수업은 언어가 트이기 위한 모방단계이고, 발화(말트임)가 된 아동은 상황에 맞는 말을 구사하기 위해 뇌를 쓰는 수업을 진행하여야 합니다.

　"돼지는 야옹야옹 울어요"라는 선생님의 말에, "아니야, 돼지는 꿀꿀 울어요."하고 대답할 수 있어야 스스로 뇌를 깨우는 수업을 했다고 말할 수 있습니다.

　그래서 노련한 선생님은 일부러 잘못된 정보를 말하여 수업하는 아동이 제대로 바로잡도록 유도하기도 합니다.

　또 퀴즈를 이용한 놀이도 있습니다.

　"나는 누구일까요"라는 다섯고개의 수수께끼입니다.

　"나는 동물이야, 귀가 길어, 깡총뛰어요, 당근을 좋아해, 눈이 빨게요."

　선생님이 자신의 손가락을 하나씩 접으며 힌트를 주면 아동이 수수께끼에 대한 답을 머릿속에 그려 대답하는 놀이입니다.

　이 또한 '연상'이 가능하게 하는 놀이로 우리가 마트를 갈 때 '사과', '아이스크림' 하고 살 것, 마트에 있는 대상과 사물을 연상하여 가는 것처럼 아동도 머릿속으로 그림을 그릴수 있어야, 그리고 그것을 말할 수 있는 것이 뇌를 쓰는 학습입니다.

2장
우리 아이는 달라요

1. 발달 아이의 시각추구, 시지각이 예민한 아이

'로운이아빠'는 유튜버입니다. 유튜브에서 로운이 자폐증 완화와 치료를 위해, 그리고 많은 자폐와 발달아이를 가진 부모님들을 위해 영상을 공유하지요. 그리고 아이를 위해 노력하시는 부모님 중 한 분이세요.

그 중 '중증자폐아이 로운이의 **상동행동** 및 시각 추구 부분의 영상'을 보면 로운이 아빠가 건넨 나무 조각을 이리저리 돌리는 영상이 있습니다.

상동행동

상체를 좌우로 반복해서 흔들거나 손이나 팔을 상하로 반복적으로 움직이는 행위. 동일행위를 계속 반복하는 것.

이를 보며 아빠가, "로운아" 하고 불러도 대답이 없지요. 또 다른 영상에서는 로운이가 혼자 소파에 앉아 박수를 치며 놀고 있습니다. 아빠의 부름에 대답은 하지만 시선과 관심은 온통 자신의 손에 집중이 되어있지요.

'시각 추구'는 무엇일까요?

시각추구란, 시각을 이용한 몸놀이입니다.

시력이 좋거나 나쁨과는 상관없이 시각적으로 들어온 정보와 장면을 뇌에 입력하는 과정에서 오류가 생기는 것을 말합니다.

주로 색감과 행동이 강렬하거나 속도가 있는 것, 움직이는 것에 대한 시각적 정보가 뇌에 입력되는 과정에서 많은 정보를 한꺼번에 받아들임으로 과부화가 걸리는 것과 같아요. 그래서 자신이 집중한 한 영상에만 몰두하게 되고 반복하게 되지요.

또 많은 자폐아이들은 약간의 '안구진탕증'을 가지고 있습니다.

안구 진탕증이란(眼球震盪症, 의학: nystagmus) 혹은 눈동자떨림은 무의식적으로 눈이 움직이는 증상을 말합니다.(위키백과 출처)

눈동자가 심하게 흔들리는 불수의적 운동으로 인해 미숙한 자신의 신경계를 스스로 고치기 위해 빙빙 도는 '자기 자극' 행동을 하기도 하지요. 또는 그것의 느낌을 즐기며 혼자 노는 시간이 늘어납니다.

이 '시각 추구'는 시시때때로 아이와 함께합니다. 아이가 혼자 있는 시간에, 무엇을 하고 있지않는 시간에, 아이가 무언가를 기다리며 앉아있는 시간에, 차 안에서 이동하는 시간 등 주로 '심심하고 지루할 때' 가장 많이 합니다. 그리고 한창 집중을 하던 수업시간에 나타나기도 합니다.

방금 수업을 하며

분명히 나와 박수를 치고 '최고!'라며 모방 행동을 한 아이가

몇 분이 지나기도 전에 '보이지 않는 벽'에 가로막인 듯 나를 보지 못한다.

이럴 땐, 내가 원맨쇼를 하고 있다는 생각이 든다.

조금 전 목이 말라 물을 한 잔 마시거나

수업용 카드 몇 장을 꺼냈을 뿐인데

그것들이 너에게 어떠한 기억으로 각인된 것인지

두 손을 들어 눈을 찌푸리더니

갑자기 섰다 뛰있다를 반복히며 발을 쿵쿵 구른다.

나는

너와의 눈 마주침을 위해 과자를 꺼내 들고,

너의 손가락을 구부렸다 폈다가

너의 양팔을 잡고 흔들흔들~ '전정기능 충족' 놀이로 너의 주의를 돌리려 한다.

저 멀리 장난감 자동차의 바퀴나

창문을 통해 들어오는 빛에 정신이 팔려있던 아이가

다시 나를 보며 웃게 되는 순간이 돌아온다.

나는 그때를 놓치지 않고 수업을 이어나가야 한다.

– 저자의 일기 '지금은 발화(말트임) 수업 중.' 중

'시각 추구'의 종류는 다양합니다.

주로 움직이는 것들이 많지요.

● 문 열고 닫기
● 변기물 내리기
● 수도를 틀었다 잠궜다 반복하기
● 장난감의 뚜껑 열고 닫기
● 장난감 일렬로 줄 세우고 왔다 갔다 쳐다보기
● 반복적인 무늬의 장난감을 눈으로 가까이 왔다 멀어졌다 반복하며 쳐다보기
● 창문으로 들어오는 빛 손가락 사이로 쳐다보기
● 눈 반쯤 뜨고 보기, 흘겨보기
● 누워서 위로 보기

● 누워서 옆으로 보기
● 상대방의 얼굴 앞으로 왔다 뒤로 갔다 하며 보기
● 움직이는 장난감 반복해서 보기
● 같은 책의 특정 페이지 반복해서 보기

그래서 종종 부모님들께 이 행동에 대한 고민 상담을 하게 됩니다.

"선생님, 우리 아이가 변기물을 자꾸 내려요. 처음에는 화장실 문을 꼭 닫아놨는데 이젠 스스로 문 열고 들어가서 계속 물만 내려요. 그 물로 장난을 치는 것도 아니니 그냥 뒀는데 이제는 학교에서도 내리고 여기 센터에서도 내리고, 어딜 가나 화장실부터 쫓아가요."

이번에 초등학교를 입학한 준이의 어머니는 고민이셨어요. 1년 유예를 하고 9살이 된 준이는 키도 커서 엄마랑 비슷하거든요. 힘도 얼마나 센지 화장실 앞에서 드러누워 엄마와 씨름을 하는 게 하루 일과랍니다. 결국 엄마가 지고 준이는 만족스럽다는 듯 변기물을 내린다네요.

"어머님, 준이가 왜 변기물을 자꾸 내릴까요?"

"음... 물 내려가는 게 재밌어서요? 버튼을 내리면 물이 내려가니까?"

"맞아요. 준이는 버튼을 누른 것뿐인데 마치 내가 조종하듯 물이 없어져 버리지요. 무언갈 사라지게 했다는 것에 큰 만족감이 들어요. 그리고 준이처럼 시각적으로 예민한 친구들은 움직이는 것에 관심이 많아요. 그것들을 반복하며 놀이로 생각하기 때문이지요. 그런데 이 놀이들도 시기가 있어요. 예전에 준이가 한참 하던 '문 열고닫기 놀이'를 지금도 하나요?"

"아, 그러고 보니 요즘엔 거의 안해요. 준이가 문을 열려고 할 때도 허

락받듯 저를 쳐다보기도 해요."

"그렇죠. 신기한 것이 친구들이 한 가지의 놀이가 극대화되면 다른 놀이는 빈도가 약해지지요. 지금 물을 내리는 것도 같이 방법을 찾아서 해결해 보는 게 좋을 것 같아요. 만약 그 방법이 안된다면 또 차선책을 찾아봐야겠지요?"

하면 좋은 것과 하지 말아야 할 것

1) 텔레비전, 핸드폰, 사운드북 등 불빛이 자극적이고 장면의 교체가 빠른 시각적 자극이 되는 물건 금지하기.

아이가 시각적으로 받아들이는 정보들이 너무 많고 순간적인 장면들로 인해서 넓은 세상에 대한 경험보다는 시각 자극 효과만 주게 됩니다.

미국의 소아과학회에서는 '아이에게 텔레비전을 보여주지 않아야 하며, 특히 2세 이하의 아이에게는 절대 보여주지 않아야 한다.'고 권고하고 있습니다.

2) 등산 혹은 높은 곳에 올라 멀리 보는 연습하기
(양 쪽에 장난감이나 과자를 두고 중간에서 멀리 보는 연습하기)

가까운 곳을 보며 '매직아이'를 통해 사물을 여러 개로 보는 것이 아닌, 멀리 보며 넓은 배경을 눈에 담는 훈련이 습관이 되기 위해 필요합니다.

3) 밀가루 반죽이나 말랑말랑한 자극물로 양손을 이용한 소근육 놀이 많이 하기.

시각 추구 역시 하나의 놀이입니다. 다른 자극물로 감각들을 깨워 주는 놀이는 부모님과 함께하면 상호성도 길어지고, 아주 좋겠지요?

♥ 찰흙과 점토를 이용한 만들기

● 소근육과 뇌를 자극함과 동시에 마음의 안정을 도와줍니다.

〈참고 도서 : 큐레이터 엄마와 미술놀이 즐겨요〉

- 화약제품이 아닌 환경친화적 점토를 만들어서 안전하게 하는 것
이 좋습니다
- **식용점토 만들기 재료 : 밀가루, 식용오일, 소금, 식용색소**
- 밀가루와 식용오일, 소금, 식용색소를 섞어 반죽을 만듭니다.
- 아이들이 재미를 느끼도록 같이 하면서 이야기도 합니다.
- 다 만들면 오븐에 구워 먹을 수도 있어요

4) 계단 오르기, 오르막길 오르기, 공차기, 던지기 등 몸의 에너지를 사용하고, 눈으로 보며 손, 발로 움직이며 하는 협응운동(효율적인 동작 패턴을 위해 개별 운동 시스템을 통합하는 능력)을 이용한 운동하기.

대근육을 사용하는 운동은 시각과 전정기능(평형감각), 팔다리의 근육을 동시에 움직여야 가능합니다. 건전한 운동을 통해 시각으로 몰리는 놀이기능을 떨어뜨리고, 적절한 에너지 발산을 해 주면 자폐아이의 수면 활동에도 많은 도움이 됩니다.

시각 추구 역시 눈에 들어온 영상과 뇌 영역의 불균형이므로 완전히 소거되지는 않아요. 대신 그 빈도를 낮추고 스스로 조절할 수는 있지요. 혼자 노는 놀이보다 엄마와, 치료사와, 친구와 함께하는 놀이가 더 재밌다는 것을 알려 주세요.

시간은 오래 걸리겠지만 아이가 혼자 하는 몸놀이보다 사람과 함께 하는 놀이가 더 재밌다는 것을 알게 되면 먼저 하자고 할거예요. '흥미'와 '재미'를 가진 놀이를 알게 될 테니까요.

유튜브 영상에서도 볼 수 있습니다.
유튜버 언어치료사 slp아이해
시각추구를 하는 아이, 시지각이 예민한 아이

2. 발달 아이의 청각추구, 청지각이 예민한 아이

윤아의 이야기

윤아는 7살 된 예쁜 여자아이입니다. 항상 공주 옷을 입고 와서 저에게 안기지요. 애교도 많아서 웃음이 끊기질 않아요. 그런 윤아가 가장 많이 웃는 때는 사운드북을 누를 때입니다.

윤아가 사운드북을 만지기 시작하면 3분 동안은 윤아의 세상입니다. 수업 진행을 위해 돌려달라고 하면 갑자기 화를 내기 때문이지요. 적어도 3번은 말합니다.

"윤아야, 이제 선생님 주세요."

"윤아야, 이제 선생님이 노래책 가져갈거야."

하고 기다려주이야 합니다. 이이기 디 놀고 나면 스스로 장난감을 돌려줍니다. 스스로 돌려주기를 기다리지 않으면 수업을 잘하다가 갑자기 울음을 터뜨려요. 자신의 마음을 몰라줬다는 거지요. 그래서 3번을 기다려줍니다.

윤아의 수업 전에는 준비가 필요합니다.

윤아가 좋아하는 사운드북들을 선반 위에 올려두는 것이지요. 눈에는 보이지만 윤아 손에는 닿지 않는 곳에 올려두는 거예요. 그러면 윤아가 제게 와서 제 바지를 잡아요. 저는 시치미를 떼며 모른 척을 하지요. 그러면 아이가 조용히 말합니다.

사운드북 예시) 핑크퐁 한글버스 스마트스터디(출처. 쿠팡 온라인몰)

"선생님, 책 주세요."

"응~ 윤아가 책 보고 싶구나. 윤아가 한 번 꺼내와."

제 말에 아이는 팔을 뻗어 사운드북을 잡으려하지만 팔이 닿지 않아 잘 안되지요.

"선생님, 도와주세요. 올려주세요."

"윤아 팔이 안 닿아? 그랬구나. 선생님이 윤아 도와줄게요. 윤아 올려줄게요."

하고 아이를 번쩍 들어 올려 윤아의 손으로 스스로 책을 잡게 합니다.

보세요. 책을 올려둠으로써 어떤 일이 생겼나요?

첫째, 아이가 스스로 저에게 욕구표현을 했어요.

둘째, 유도하지 않은 자발(스스로 함)을 이끌어냅니다.

셋째, 스스로 요구해서 스스로 얻은 결과물로 인해 아이의 성취감과 자신감이 올라가지요.

넷째, 선생님은 무조건 '안된다'고 하는 사람이 아닌, 언어적 표현을 하면 자신의 마음을 알아주는 사람이 되었어요.

다섯째, 반복되는 성공의 경험으로 다른 사람에게도 말을 사용해서 표현해 봐야겠다는 생각을 하게 되지요.

사실, 윤아는 사운드북으로 청각 추구를 하며 놉니다. 반복적인 구간만 듣고 상호작용이 아닌 혼자서 특정한 버튼을 누르는 것을 좋아해요. 그럴 땐 제가 상호작용적 놀이 진행을 위해 함께 노래를 듣는 연습을 합니다.

자폐, 발달 장애, ADHD 상호작용 놀이 방법

먼저, 선생님이 사운드북을 듭니다.

아이가 가지고 가려 하겠지요? 그렇지만 선생님이 쥐고 있어야 해요. 꼭 붙잡고 놓지 않습니다. 그리고 아이와 그림을 보고 포인팅을 합니다.

"사자야, 안녕?"

"사자야, 안녕?"

아이가 스스로 따라 하면 아이에게 버튼을 눌러도 좋다고 말해요. 이때 아이가 사운드북을 가지고 가려고 하지요. 그것을 제지하며 선생님 손에 있는 지금 상태 그대로 누르도록 해요. 그럼 아이가 울거나 책을 던질지도 몰라요.

그럴 땐, 잠깐 책을 멀리하세요. 그리고 아이를 기다려주세요.

"울면 안 할 거야. 던지면 안 할거야. 선생님이랑 같이 해요."

3분 뒤 아이의 마음을 진정시키고 다시 사운드북을 듭니다.

"사자"

"사자"

"잘했어~ 사자 눌러주세요."

하지만 아이는 자신이 좋아하는 돼지를 누르려고 합니다. 그런 아이의 손을 잡아 '사자' 버튼을 눌러요. 그리고 박수로 칭찬해 줍니다.

"윤아가 사자 눌렀네? 아주 잘 했어요."

그리고 과자나 젤리도 하나 줍니다. 아이는 선생님이 자신의 손으로 버튼을 누른 것인데 칭찬을 받으니 기분이 좋아졌어요. 게다가 간식도 생겼지요. 그러면 이제는 선생님 말에 따라 제대로 누르려는 마음이 자꾸 들겠지요? 살짝 속임수 같지만 지금 이 시간은 배우고 함께 누르는 시간임을 인식시키는 거예요. 아이가 좋아하는 사운드북을 이용하여 같이 놀이하고, 또 동물인지와 언어, 의성의태적 표현을 가르칠 수 있는 다방면의 놀이로 키워나갑니다.

민수의 이야기

민수는 6살 귀여운 남자아이입니다. 동그랗고 예쁜 두상과 두 눈은 항상 저를 즐겁게 만들지요. 그런 민수에게 눈에 띄는 습관이 있습니다. 바로 귀를 막는 것이지요.

처음에는 시끄러운 소리가 날 때만 양쪽 귀를 막았어요. 청지각이 예민했기 때문이에요. 다음에는 새로운 장소를 갈 때도 귀를 막게 되었지요. 그리고 새로운 사람이나 장소의 전환에는 무조건 귀를 막게 되었습니다. 그리고 마지막으로 부정의 의미로 귀를 막았어요.

아마도 아이가 귀를 막으니, 그것을 본 사람들이 말합니다.

"응 ~ 민수 이거 싫어?"

더 이상 강요하지 않았거나, 그런 보호자분들의 반응으로 인해 '귀를 막으면 싫다는 표시'라는 표현을 알고 민수가 회피하고 싶은 상황에 대한 방어기재로 사용했던 것 같아요. 그래서 청지각의 자극 외에도 싫은 표현을 하고 싶을 때는 양쪽 귀를 막아왔던 것이 습관을 넘어 고착으로 가고 있었습니다.

이런 민수에게 중요한 것은 '미리 알려주기'와 '손잡기'예요.

"민수야, 우리 놀이터 갈 거야."

"민수야, 우리 마트에 갈 거야."

민수에게 먼저 무엇을 할 것인지, 어떤 장소와 사람의 변화가 있을 것인지 미리, 반복하여 알려줍니다. 아이가 마음의 준비를 할 시간을 주는 것이지요.

그리고 갈 때는 민수의 한 손에 장난감, 과자 등 잡을 것을 주시고 다른 한 손은 잡아주세요. 무의식적으로 양쪽 귀를 막는 것을 자연스럽게 막아줍니다. 이제는 민수도 왜 자신이 새로운 장소에서 귀를 막는지 모를 만큼 습관이 되었으니까요. 양손을 다른 곳에 이용하여 귀를 막는 것을 잊어버리게 유도하는 거지요.

　민수가 올 때는 교실 분위기가 또 다릅니다. 민수가 싫어하는 사운드 북과 소리가 나는 장난감을 일부러 제 교실 바닥에 쫙 깔아두지요. 그러면 민수가 교실에 오자마자 또 양 귀를 막아요. 저는 그저 웃고 있지요.
　"민수야, 안녕하세요."
　아이는 귀를 막고 있으니 인사를 듣지 못한 채 왔다 갔다 하다가 결국 자신의 두 손을 이용하여 장난감을 치웁니다. 저 멀리 던져버리지요. 그럼 저는 민수에게 다가가 장난감과 아이의 손을 잡고 물어요.
　"민수야, 장난감이 싫어요?"
　"싫어요."
　"그럼 민수야. 선생님, 장난감 치워주세요?"
　"선생님, 장난감 치워주세요."
　"잘했어. 민수야. 선생님, 같이 장난감 정리해?"
　"선생님, 같이 장난감 정리해."
　민수는 스스로 귀에서 손을 떼고 장난감 정리를 하지요. 아까처럼 싫어하는 것을 던지지 않고 원래 있던 자리에 선생님과 함께 정리합니다. **선생님의 말을 따라하며 '장난감이 싫을 때는 어떻게 하는지'를 언어로 표현하는지 배웠습니다. 또 그것을 표현하는 여러 표현 방법이 있다는 것을 배웠지요. 같이 정리하면 쉽고 빨리 끝난다는 것도 배우게 됩니다.**

잠깐 상식 코너

청지각은 청각과는 달라요. 청각이 소리를 듣는 것이라면 청지각은 '청각정보처리능력'이라고 할 수 있지요.

우리가 친구와 길에서 이야기를 할 때, 지나가는 자동차 소리, 사람들 소리, 하늘에 떠 있는 비행기 소리, 강아지가 멍멍 짖는 소리, 바람이 불어 나뭇가지가 흔들리는 소리 속에서도 상대방의 이야기를 알아들을 수 있는 것은 '청각정보처리능력' 때문이에요.

청각정보처리능력은 친구의 목소리를 구별해 내고, 주의를 집중해 내용에 대해 들으며, 동시에 뇌에서는 생각하고, 대답할 준비를 빠르게 할 수 있게 해 줍니다.

하지만 청지각이 약한 아이들은 이 부분이 약해요. 모든 소리에 예민하기 때문이에요. 그래서 많은 소음 속에서 엄마의 목소리를 구분해 내기가 어렵지요. 혹은 아주 작은 소리도 바로 반응하기도 해요. 너무 많은 소리에 뇌와 신경이 예민해져서 주파수가 변동을 일으키기도 하기 때문입니다.

청지각이 약한 아이들은 사운드북을 반복해서 누릅니다. 예민한 아이들은 사운드북을 싫어하지요. 모든 자폐아이들의 양상이 똑같지는 않지만 약간씩 공통점이 있어요.

청지각에 대한 치료

뉴로피드백

아이의 현재 뇌파상태를 측정하고 높은 각성도를 낮추고 낮은 주의집중력을 올려 자기조절능력을 키우는 것. 헤드셋이나 뇌파치료를 위한 이마의 밴드를 착용하고 알파파나 세타파같은 뇌파를 이용한 집중력, 학습증진 등 여러 가지의 치료목적이 병합된 뇌파치료.

토마티스 훈련법

프랑스 이비인후과 의사 알프레드 토마티스 박사가 개발한 최초의 사운드 치료법으로 고막장근과 등자근의 조절능력을 향상시켜 듣기능력, 신체발란스(평형성) 향상, 두뇌에너지 공급을 향상시킨다.

음악치료, 심리치료, 토마티스, 베라르치료, 포브레인, **뉴로피드백** 등 여러 가지가 있지만 비용이 비싸고 단기적으로 효과를 기대하기에는 아이에 따라 반응이 조금씩 달라요.

뉴로피드백의 경우 집중력, 학습증진 등 치료목적이 여러 가지가 병합된 뇌파치료로 그 기간이 길지요.

토마티스는 다양한 음역대와 반복적인 특징을 가진 음악과 성가, 행진곡 등으로 아이의 음역대와 주파수를 확장시키고, 뇌를 자극하여 뇌에서 확장된 범위를 인식시키게 하지요. 또 마이크를 이용하여 자신의 목소리를 골전도를 이용하여 제대로 듣게 하지요. 그런 이유에서 난독증 아이의 치료에도 많이 사용됩니다.

베라르 치료, 포브레인 역시 토마티스 치료와 비슷하게 헤드셋을 착용합니다.

헤드셋을 아이에게 적응시킬 때에는 자신에게 고통을 주는 게 아니라는 것을 깨달을 5분간의 시간을 주세요. 헤드셋을 착용해야 가능한 치료방법이므로 습관을 들여주는 게 좋아요. 요즘엔 센터가 아닌 가정에서 대여를 하여 많이 사용하기에 편안한 장소에서 아이와 시작해보는 것을 추천드립니다.

유튜브 영상에서도 볼 수 있습니다.
유튜버 언어치료사 slp아이해
'우영우, 청지각이 예민한 아이'

부모님께 드리는 참 쉬운 청지각 놀이

집에서, 자동차에서, 이동 중 어디라도 아이에게 모차르트의 음악과 그레고리안 성가, 행진곡을 들려주세요.

모차르트의 음악은 다양한 주파수와 음역대의 반복적인 운율을 가지기에 그레고리안 성가와 마찬가지로 토마티스 치료법에 많이 쓰이는 음악입니다.

또 성악과 클래식, 고전음악은 마음을 편하게 해주고 밤에는 아이의 수면을 돕기도 합니다. 뽀로로 노래와 동요도 좋지만 청지각이 예민한 아이를 위해 추천해드려요.

모차르트 음악 유튜브   그레고리안 성가 유튜브   행진곡 유튜브

3. 울음이 많은 우리 아이, 어떻게 해야 할까요?

현관 멀리에서부터 아이가 우는 소리가 들립니다. 이윽고 현관문이 열리며 준영이가 울며 들어옵니다.

"어머~ 우리 씩씩이 왔어요? 준영이가 좋아하는 젤리가 선생님한테 있네?"

저는 우는 준영이를 도리어 씩씩이라 부르며 제 무릎 위에 앉히고 신발을 벗겨줍니다. 어머님은 그 틈에 코로나 방역용 아이의 체온을 체크하지요. 준영이는 제가 준 젤리통을 흔들며 또 웁니다.

"어머님~ 준영이랑 수업하고 올게요. 준영아, 엄마한테 인사해야지."

준영이는 눈물을 흘리며 엄마에게 손을 흔듭니다. 그리곤 저를 따라서 치료실로 들어가지요. 준영이는 잘 울어요. 센터에 온 첫날부터 아주 많이 울었지요.

수업을 진행한 지 두 달이 된 지금은 우는 빈도가 줄긴 했지만 그래도 잘 우는 편입니다. 우는 아이들은 저마다 이유가 다양합니다. 이 장의 주제는 우는 아이들에 대해서 다뤄볼까 합니다.

아이들이 왜 우는 걸까요?

하나, 낯선 환경이 겁이 나기 때문입니다.

치료실은 새로운 장소라 낯설지요. 선생님도 낯섭니다. 수업하는 긴

시간도 아이에겐 낯섭니다. 불안감이 증폭되지요. 함께 있는 선생님과 라포형성(신뢰하고 소통)이 될 때까지, 친근감을 가지게 될 때까지 웁니다. 이 상황이 자신을 아프게 하거나 괴롭히는 것이 아니라는 것을 인식할 때까지 울어요. 불안하고 겁이 나기 때문이지요.

둘, 엄마와 떨어져야 한다는 분리불안 때문에 울어요.

개월 수가 적은 아이들은 엄마와 떨어져있는 시간을 많이 경험해 보지 않았지요. 엄마가 보이지 않으면 슬프고, 눈물이 납니다. 그래서 엄마가 화장실을 가거나 눈앞에 보이지 않으면 자신을 사랑하고 보호해 주는 엄마의 상실로 눈물이 나요.

분리불안이 큰 아이들은 수업시간에 문 바로 앞에서 어머님의 대기를 부탁드려요. 아이가 엄마 생각이 나서 울 때마다 방문을 '똑, 똑' 하며 '엄마 여기 있어, 우리 준영이 기다리고 있어.' 하고 엄마 목소리로 안심을 시켜주기 위함입니다.

엄마가 눈앞에 있지 않아도 문 뒤에서 기다리고 있다는 '대상 영속성'(사물이 시각적으로 보이지 않더라도 독립적으로 존재한다는 것을 이해하는 능력)에 대한 원리를 깨달으면 아이의 불안은 줄어듭니다.

셋, 공부하기 싫어서 웁니다.

자폐 아이들도, 발달 아이들도 공부가 매번 즐거운 것은 아니에요. 우리 아이들도 자아와 마음이 있기 때문입니다.

과자와 칭찬, 장난감 등으로 보상을 해 주지만 자신이 어려워하는 것을 해야하고 선생님 앞에서 부모님 앞에서 실패하고, 성공하기까지 반복해야 하니까요. 관심 없는 사물, 과일, 동물, 숫자 등을 학습을 위해서 계속 외워야 하지요.

장기 기억이 어려운 아이는 한 가지 주제로 몇 년 동안 스스로 할 수 있을 때까지 학습하기도 해요. 왜냐하면 반복과 흥미를 이끄는 학습이 아이의 학습기억, 작업기억, 장기적 기억에 영향을 미치기 때문입니다.

넷, 울었더니 공부를 안 한 경험이 있어서 울어요

발달이 늦은 아이를 양육하는 부모님은 마음이 아프지요. 가슴에 평생 누구의 원인도 아닌 죄책감을 가지고 살아가기 때문입니다. 아이를 위해 무엇이라도 해주고 싶은 마음이 커요. 그래서 아이가 울면 '거부'의 의미로 알고 아이에게 시도했던 일들을 중단합니다.

발달 아이도 지능이 있고 학습이 돼요. 그렇기에 자신이 울어서 수업을 멈추거나, 일찍 수업을 끝내고 엄마를 만나게 되면, '아, 이렇게 울면 되는구나.' 하고 학습하지요.

처음에는 '우리 아이가 꾀를 부릴 만큼 똑똑하다구요?'하며 긴가민가 하지만, 아이가 커 갈수록 그 모습과 방법은 다양해집니다.

수업 중 꾀를 부려 갑자기 쉬를 하겠다고 화장실을 찾기도 하지요. 그러니 학습과 수업하는 습관은 어릴 때부터 길러주는 것이 좋아요. 그렇지 않으면 아이가 커 갈수록 늘어나는 고집적인 부분에, 부모님의 단호한 모습이 더 필요하게 될지도 모르기 때문입니다.

다섯, 습관성으로 여느 치료실에 갈 때마다 이유 없이 울지요.

아이만의 입장할 때의 루틴이지요.

어린이집, 치료실, 치료센터, 병원 등 들어갈 때 하는 행사예요. 그때 부모님께서 "또 울어? 힘들었었어"라고 말하면 아이가 정말 자신이 매번 힘들었다고 생각해요. 그러면 다음에 똑같은 상황이 되면 자신이 힘들다고 생각해 자동으로 울게 되지요.

그래서 아이가 울어도 밝게 웃으며 "씩씩하네, 잘했어."라고 아이를 안고 머리를 쓰다듬어주세요. 아이의 울음에 반응하면 아이의 습관은 고착이 되어버린답니다.

여섯. 정말 싫어서 울어요.

울음은 언어 이전의 감각소통이지요. 맞습니다. 정말 싫어서 우는 거에요.

아이가 느꼈을 감정을 공감해 주시고 '응, 속상했지?' 하고 진정시켜 주세요.

아이가 정말 싫어서 운다면, 고민해보아야 합니다. 아이에게 맞는 치료실인지, 맞는 수업인지, 맞는 선생님인지를요.

그리고 무엇보다도 중요하게 고민할 것은 아이가 수업을 할 준비가 되어있는지에요. 아이의 적응 능력을 고려하여 스트레스를 줄여주세요. 천천히 크는 아이인 만큼 자신을 조절하는 능력도 서서히 자라기 때문입니다.

4. 상동행동, 상동소리는 차츰 괜찮아질까요?

상동행동이란 무엇일까요?

상동행동이란? 반복적으로 몸을 앞뒤로 흔들거나, 손을 계속 움직이는 행동, 의미 없이 소리를 반복하는 행동으로 형태가 다양합니다.

기호는 동그란 눈을 가진 밤톨 머리 6살 남자아이입니다. 요즘 기호 어머니의 표정이 어두워진 것을 느꼈습니다. 그래서 수업이 끝난 후 어머님과 상담시간을 가졌습니다.

"어머님, 요즘 무슨 일 있으세요?"

기호 어머니는 머뭇거리다 한숨과 함께 고민거리를 털어두셨어요.

기호의 상동 행동과 소리가 커지고 잦아지면서 기호 아버지께서 기호를 많이 혼낸다고 하셨습니다. 더군다나 때와 장소에 구분 없이 자꾸 자신의 성기를 만지는 탓에 부끄러워 같이 다니기 꺼려하신다는 이야기였습니다.

기호는 무발화(말트임 없음) 아이였습니다. 호흡과 발성이 작아서 피리 불기, 초 불기 등 호흡·불기 연습부터 했지요. 불기가 가능해지자, 그 호흡에 발성을 붙여 연습하기 시작했어요. 복부 근육에 힘을 주는 방법을 몰랐던 기호의 배를 살짝 눌러주며 '아' 소리를 모방하길 유도하며 계속 연습하였지요.

6개월이 지난 지금, 기호의 소리는 여전히 작아도 단어와 2어절까지 따라 하기가 가능해졌고, '과자 주세요.', '엄마, 가자' 등 자발(스스로 말하기)도 조금씩 늘어나고 있답니다.

하지만 각성이 올라올 때마다 양팔을 흔들거나 까치발로 쿵쿵 돌아다니고, 자발(스스로 말하기)을 할 때는 작던 목소리가 혼자서 놀 때에는 사물을 향해 '히익' 하고 큰소리를 내며 시각추구를 하는 모습이 자주 보입니다.

또 아이가 새로운 장소에 불안할 때나 시각적 변화를 느낄 때는 양쪽 귀를 막기도 하고 바지 위로 자신의 성기 만지기에 몰두해버리기도 합니다.

무발화(말트임 없음) 아이의 언어가 발전하여 따라하기가 되면, 그때부터는 여러 인지, 감각수업과 함께 상동행동과 소리를 없애는 수업을 시작합니다. 단순했던 아이의 뇌가 활발한 변화를 시작하는 시기이기 때문입니다. 뇌 스스로 할 수 없었던 가지치기를 아이와 선생님, 가정에서 도와주어야 하는 시기이지요.

중요한 것은 상동 행동 소거 수업이 최선책으로 삼은 방법을 치료실과 가정에서 동일하게 몇 달 동안 지속해야 한다는 점입니다.

만약 그 최선책으로 상동 행동과 상동 소리의 빈도가 낮아지지 않는다고 포기하여 아이의 행동을 그냥 두지 마시고, 다시 고민하여 차선책을 준비해 보아야 합니다. 몇 일 시도했다가 포기하게 된다면 도리어 아이의 행동이 강화하는데 영향을 주기 때문입니다. 그리고 많은 자폐 아이의 특성이 다르듯이 한 가지의 방법이 우리 아이에게 꼭 맞을 수는 없기 때문입니다.

첫째, 오늘 일정 미리 말해주기

항상 똑같은 일정이라도 집을 벗어나는 일정이 있을 시, 하루 전, 이틀 전에 미리 기호에게 말해줍니다.

달력을 이용해 메모해 같이 보면서 '내일, 언어센터에 갈 거야.'하고 반복적으로 10번 정도 말해줍니다. 아이에게 일어날 장소 변화를 미리 예견해 주어 아이 스스로 마음의 준비를 할 수 있는 시간을 줍니다.

둘째, 양손에 장난감 쥐기

양손이 비어있으면 기호는 자연스럽게 손 상동 행동과 시각 추구를 합니다. 그것은 기호가 원해서 한다기보단, 오랜 시간 그렇게 행동해왔던 손과 팔, 눈의 근육과 신경들이 습관적으로 움직이는 경우가 많습니다.

발화(말트임)된 아이들은 수업 중 카드와 구체물로 학습을 통해 인지를 올려주는 것도 중요하지만 장난감을 통한 '몸놀이'에서 발전된 놀이를 이끌어주는 것도 중요합니다. 바로 발달에 맞는 '놀이'를 가르치는 것이지요. **만약, 장난감에 많은 흥미가 없다면, 사탕이나 과자를 봉지 채로 주어 스스로 과자 봉지를 열기 위해 노력하는 모습을 유도하거나, 양손에 들고 먹음으로서 상동행동의 빈도를 줄여줍니다.**

셋째, 미리 예견해야 합니다

항상 기호의 손에 무언가를 줄 순 없지요. 엄마가 기호의 손을 잡아주세요. 그리고 기호와 같이 놀아주세요. "예쁜 손"이라고 말하면 기호가 어떻게 행동해야 하는 지 알려주세요. 만약, 기호가 손을 들어 혼자 놀려고 한다면 바로 "예쁜 손"을 말해서, 아이 스스로 자각하게끔 일깨워주세요.

아이도 학습하여 상동 행동이 나오는 것이 아니라, 고착된 행동이 심심한 순간에 무의식적으로 나오는 것이기에 이 순간을 미리 예견하여 막아주세요.

넷째, 질감이 딱딱한 바지를 입혀주세요

기호는 항상 고무줄 바지를 입고 오지요. 자폐 아이들은 거의 트레이닝바지를 많이 입습니다. 활동성도 편하고 화장실에서 내리고 입기, 오염에 따른 세탁도 편하기 때문입니다.

하지만 고무줄 바지를 입다보면 아이가 지퍼를 올리거나, 버클을 채우기 위해 쓰는 소근육을 전혀 사용하지 않지요. 그렇게 되면 지금 당장은 편하지만, 아이가 청소년기가 되어도 지퍼사용과 버클사용에 미숙하게되고 당황하는 상황이 생길 수 있어요. 소근육을 발달시켜 단순한 상동 행동에 집중하는 시간을 줄여주세요.

또 하나, 면바지나 청바지 등 질감이 딱딱한 바지를 입혀주세요. 면바지 위로 성기를 만지면, 고무줄 바지를 입었을 때보다 느낌이 덜 오지요. 그러면 자극이 덜 되기에 만지는 빈도수가 적어집니다. 물론 바지 안으로 손을 넣어 만지기도 하지만 그럴 때는 '셋째'의 "예쁜 손" 방법을 함께 사용하여주세요.

"기호야, 기호 고추는 소중해, 만지면 아파."하고 인지시켜 주세요.

다섯 째, 대화 시도하기

행동이 아닌, 상동 소리는 각성이 올라갔을 때 가장 많이 나옵니다. 아이가 대기실에 가만히 있다가 어떠한 자극에 노출이 되거나, 혼자서 이런 저런 생각을 하다보면 그 놀이에 빠져 갑자기 소리를 지르지요. 호흡, 발성이 약한 아이도 이 상동소리는 얼마나 큰지, 깜짝 놀라기도 합니다.

소리도 다양하지요. 긴 소리, 돌고래소리, 짧고 반복적인 소리로 인해 지인들 앞에서나 공공장소에서 당황스럽고 민망할 때도 있습니다.

이런 상동소리는 대화를 시도하며 줄일 수 있어요.

상동 소리를 한창 내는 아이에게, "기호야, 기호야?" 하고 부르면, 자신이 어떠한 행동을 하고 있었는지 가늠도 안될 만큼 멀쩡히 "네" 하고 대답을 합니다. 각성단계에서 현실로 각성을 조절하는 것이지요. 이렇게 스스로 조절하는 시간을 늘려주세요.

각성이라는 것은 점점 범위와 시간이 커지기 때문에 때와 장소에 따라서 스스로 조절하는 방법을 아이에게 가르쳐야 합니다.

대화라는 것은, 특별한, 의미있는 진중한 대화가 아니라도 좋아요. 아이가 좋아하는 곰젤리를 먹으면서 할 수 있습니다.

"기호야, 뭐 줄까?"

"곰 젤리 주세요."

"잘했어. 젤리 먹어요. 기호야, 무슨 색 젤리 줄까?"

"빨간색 젤리 주세요."

"잘했어. 빨간색 곰 젤리 줄게."

이런 대화를 계속 반복하는 것도 좋습니다. 언어연습, 조음 연습, 명료화연습, 색깔연습, 요구하기 연습, 엄마와의 상호작용, 칭찬받기 등 이 단순한 대화로만 7가지 이상의 효과를 볼 수 있으니 일석 칠조입니다.

여섯 째, 아이의 마음에 공감해 주세요

기호가 손으로 귀를 막는 행동은 '불안감' 때문에 시작되었습니다. 또 손을 털며 소리를 지르는 행동은 '심심함' 때문에 시작되었지요. 사물을 보며 시각 추구를 하거나 성기를 만지는 행위는 '지루함'과 '회피행동'에서 나오는 행동이었습니다.

그런 기호에게 가장 중요한 방법은 아이의 마음에 공감해주는 것입니다.

"기호가 심심했구나!"

아이의 마음에 공감해 주고 마음을 읽어주세요. 아이도 자신이 심심했다는 것을 인지하게 됩니다. 그리고는 함께 놀이할 수 있도록 이끌어 주세요.

"기호야, 엄마랑 블록 놀이하자."

심심할 땐 놀이를, 불안할 땐 포옹을, 회피행동에는 직면하기와 시선분산을 추천드립니다.

위에서 말씀드린 대로, 모든 자폐아이와 발달아이에게 똑같은 방법이 적용되지는 않아요. 대신 방법을 조금 다르게 접근할 수는 있지요. 아이에게 맞는 방법은, 부모와 아이와 선생님이 함께 고민하며 적응해 나가면서 발견할 수 있어요. 그렇게 얻어진 경험은 이번 사례 뿐만 아니라 평생 무언가를 시도 할 때도 큰 도움이 될 것입니다.

유튜브 영상에서도 볼 수 있습니다.

유튜버 언어치료사 slp아이해

자폐특징, 행동에는 어떤 것이 있을까?

5. 앵무새 우리 아이, 반향어는 언제 없어지나요?

"우리 아이에게는 장애가 있어요."

영화 '말아톤'

유튜브 영상에서도 볼 수 있습니다.

(영화 '말아톤' 유튜브 영상)

영화 '말아톤'에서 배우 조승우씨가 연기한 자폐인 '초원이'를 기억하시지요?

영화에서 가장 인상 깊었던 장면은 아마 초원이가 지하철에 여성의 얼룩말 무늬 치마를 쓰다듬어 여성의 남자친구에게 맞는 장면일 듯해요. 그 와중에도 계속 얼룩말에 대해 이야기하다 결국 어머니가 찾아내어 껴

안았을 때 엄마의 말을 반복적으로 따라 하지요. 그것이 바로 즉각반향 어입니다. 반향어란 앵무새 증후군이라고 하지요.

이 반향어를 두 종류로 나눌 수 있습니다.

반향어의 종류

시간으로 분류

● 즉각반향어 - 상대방이 하는 말을 즉각 따라 합니다
● 지연반향어 - 전에 들었던 말을 다른 장소나 상황에서 합니다

상호 간 상황교감으로 분류

대화형 반향어와 비대화형 반향어가 있습니다.
자폐 아이가 예전 목이 마른 순간에 "주스 꺼내줘?"라는 말을 들은 경 험이 있다면, 다시 목이 마른 순간에 "주스 꺼내줘?"라는 말을 반복하 는 것입니다.

반향어는 왜 하는 것일까요?

첫째, 귀에 들린 소리를 대뇌의 해석 과정 등 일련 과정을 거치지 않고 바로 입으로 인출해 내는 것입니다.

'즉각반향어의 예'이지요. 초원이가 엄마가 소리친 '우리 아이에게는 장애가 있어요.'라는 말의 뜻을 생각하지 않고 즉각적으로 따라한 행동이에요.

즉각 반향어를 없애기 위해서는 아이가 해야 할 대답을 끝에 붙여 강조해 주지요.

선생님 - 안녕하세요 아민아?
아민이 - 안녕하세요 아민아?
선생님 - 안녕하세요 아민아? 네!!!
아민이 - 네!!

둘째, 질문을 이해하지 못하여 들었던 소리를 똑같이 내는 것입니다.

언어의 구성요소는 크게 형식, 내용, 화용(상황에 맞는 언어)이 되겠지요. 다시 두 개로 분류한다면 수용언어와 표현언어가 있습니다.

수용언어는 상대방의 말을 이해하는 것이고 표현언어는 자신의 욕구를 언어로 이야기하는 것이지요.

자폐 아이의 경우 표현 언어에 비해서 상대의 말을 이해하는 수용언어가 부족한 경우가 많습니다.

아이는 '과자 주세요'라는 말의 뜻은 알아서 스스로 말해도 상대방의 '마트에 갈래?'라는 뜻은 이해하지 못하지요. 그래서 이해하지 못한 문장을 그대로 따라 하는 것입니다.

셋째, 들은 소리가 재미있어서 반복적으로 똑같은 소리를 내지요.

비행기를 좋아하는 자폐 아이는 텔레비전에서 비행기에 관한 이야기가 나오면 기억했다가 따라합니다. 좋아하지 않는 것에 대한 소리도 그 소리가 충격적이었거나 기억에 많이 남는 소리라면 입으로 계속 따라 하지요.

무발화(말트임 없음) 아이의 경우 의미 없이 따라하는 이 말이 상동 소리로 부모님께 인식되기도 하고, 발화(말트임)가 된 아이의 경우 이렇게 반향어를 함으로써 언어에 관심을 가지고 발음 연습을 하는 것처럼 보이기도 해요. 그래서 언어의 유창성이 높아지기 전까지는 이러한 반향어를 지켜보는 경우도 있어요.

반향어 또한 하나의 발화(말트임)라고 보기에 아이가 발화(말트임) 수업을 하며 따라하기를 많이 하는 시기에는 반향어를 없애려 하지 않아도 됩니다. **그래서 이 시기에는 아이가 쓰는 말이 반향어인지, 따라하기인지 분간이 잘 안될 때도 있어요. 하지만 '따라하기' 이후의 수업인 '대답하기'를 하며 어떤 것인지 구분이 가능해지지요. 질문을 했는데 대답하지 않고 똑같이 따라하는지 보면 됩니다.**

또 유창성이 두드러지는 아이가 많은 반향어를 가지기도 합니다. 자폐 아이의 언어가 유창해지면 말의 (소리가 사라지는) 물리적 특성과 불안감을 없애기 위해 계속해서 반복해서 말하지요.

"엄마, 약국가서 비타민 사자."

"엄마, 약국가서 비타민 사자."

유창성 중 멈추지 않고 계속적인 반복언어가 나오면 필요 없는 소리를 제거하기 위해 반향어의 빈도를 줄여주는 수업을 합니다. 또 상대방과의 상호작용적 자연스러운 대화법을 학습하기 위해 반향어를 없애는 수업을 하기도 합니다.

소현이 이야기

소현이는 5살 아주 귀여운 쌍둥이 여자아이입니다. 소현이는 수다쟁이예요. 하지만 한 방향으로만 의사소통하는 아이지요.

소현이는 제 눈을 쳐다보며 이렇게 말한답니다.

"얘들아, 저기 가보자! 우리, 생일 파티하자! 생일 축하 노래 불러줘. 축하해! 고마워, 얘들아 와, 재밌다."

이렇게 저를 보며 혼자서 놀다가 저에게 다가와서 말합니다.

"초 주세요"

"소현아, 생일 초 불어줘?"

"초 주세요."

사실 저는 소현이의 놀이에 끼지 못하고 옆에 있는 배경과 같지요. 소현이는 텔레비전에서 본 '뽀로로의 생일파티'를 그대로 다 외우고 있어요. 아이 혼자 놀고, 저에게는 필요한 것만 달라고 하지요. 마치 같이 상호작용하며 함께 놀이하는 사람이 아닌 자신이 바라는 것을 이루기 위한 '방법'과 '수단'으로 인식하기도 합니다.

"소현이 초 갖고 싶어? 그럼 선생님이 하는 말 같이 해줘야 해. 선생님, 생일파티 같이 해요."

소현이는 말없이 초를 가져가려 합니다. 텔레비전의 소리를 제외한 다른 말은 따라 해 본 적이 없었거든요. 여태껏 그럴 이유도 없었고 필요하지도 않았지요.

제가 손을 높이 들어 초를 멀리 놓습니다. 소현이가 저를 쳐다봅니다.

"선생님, 생일파티 같이 해요. 해야지"

"선생님, 생일파티 같이 해요. 해야지."

"그래, 같이 파티하자, 좋아!"

"좋아!"

소현이에게 따라하기와 대답하기를 동시에 가르칩니다.

그렇게 상황에 대한 기억과 대답하는 법을 가르치면 응용이 가능한 아이는 다음 상황에서 또 사용하기도 합니다.

<u>반향어를 하는 아이들은 조음(발음) 기능이 좋아요.</u>

무한 따라하기를 하지만, 발음이 좋다는 것은 행운이지요. **반향어에 대한 부정적인 시각보다는 아이가 언제, 어떠한 상황에서, 어떻게 사용하는지를 파악하여 빈도를 낮추고 올바르게 대화체를 사용하는 방법을 가르쳐 주는 것이 좋습니다.**

유튜브 영상에서도 볼 수 있습니다.
유튜버 언어치료사 slp아이해
자폐아동의 반향어, 지연반향어, 즉각반향어, 반향어를 하는 이유, 반향어 없애기

6. 발달 아이 아이큐 75, 학습이 잘 안돼요

개학이 되면 센터에 한숨 소리가 많아집니다.

"선생님, 선율이가 학습이 잘 안돼서 너무 걱정이에요. 분명히 아는 것 같은데 물어보면 다른 카드를 가지고 와요. 아무리 그래도 자기가 제일 좋아하는 딸기랑 바나나는 고를 수 있어야 하잖아요. 학습이 너무 안돼요. 선생님, 선율이 머리가 좀 나쁜 거죠?"

선율이는 먼 지방에서 기차를 타고 옵니다. 왕복 4시간의 이동시간을 들여 일주일 한번 수업을 진행하지요.

첫 수업시간에 제 말을 곧잘 따라하는 선율이를 보며 자신의 아이가 이렇게 말을 잘하는지 몰랐다고 어머님은 눈물을 흘리셨어요. 저도 선율이가 첫 시간부터 진도를 잘 따라올 줄을 예상하지 못했었지요.

사실 경계심이 많은 선율이와의 첫 수업은 난관이었습니다. 우는 아이를 제가 한 시간 가량 업어서 달랬지요. 올해 6살인 선율이는 7살 또래 아이들처럼 키도 크고 몸이 아주 건강해서 제 온 몸은 땀으로 가득할 정도였습니다. 한 시간 동안 제 품에서 안정을 되찾은 아이는 그때서야 불안감을 내려놓을 수 있었어요. 그리고는 선율이 좋아하는 과자와 장난감으로 아이의 현 언어발달 상태를 체크하기 시작했지요.

"선생님, 과자 주세요?"

"과다 우에오."

"선생님 과자 또 줘?"

"떠애이, 과다, 또"

"과자 맛있어? 네, 맛있어요."

"네! 과다, 도"

"잘했어, 선율아, 과자 여기."

"요기, 도, 과다."

선율이는 제 말을 따라 하기 시작했고 점점 완벽한 문장으로 따라하기가 가능해졌지요. 욕구표현도 언어로 하기 시작하였습니다.

그렇게 선율이와 발화(말트임)수업을 시작한 지 반년이 지났습니다.

무발화(말트임 없음) 아이들의 부모님은 아이의 발화(말트임) 시기가 제일 걱정이지요. 발화(말트임)가 되어 따라 하기가 가능한 아이들의 부모님은 자발(스스로 말하기)의 시기가 걱정이구요.

자발(스스로 말하기)을 하는 아이들의 부모님은 아이의 인지와 문장으로의 언어사용, 책 읽기, 글자 익히기 등 점점 아이의 학습능력이 또래 아이들처럼 올라가기를 희망하지요.

선율이도 같아요. 어머님께서 가장 걱정하시는 것이 따라하기가 되는 우리 아가, 언제 스스로 딸기를 달라고 말할지, 딸기 카드를 스스로 고를지 하는 것이었어요.

인간의 뇌는 한 영역으로 존재하지 않지요.

언어, 인지, 정서, 감각, 방향, 신체 등 많은 발달 부위가 통합하여 연결되어 있어요. 그러니 '아기 뇌'에서 발화(말트임)를 통한 언어적 발전이 있다면, 뇌가 깨어가는 시간을 통해 함께 깨어나는 감각들을 학습을 통해 자극하며 기다려주어야 합니다.

학습에 대한 성급함은 아이들에게 거부반응을 일으킵니다.

반복될 수 밖에 없는 학습은 '공부'라는 생각에 '알면서 모르는 척'하는 경우도 생기게 하지요. 못하는 척하면 어른들이 안 시키던 경험이 있으니까요.

그러므로 자폐 아이들의 학습은 좋아하는 것으로부터 시작하여 영역을 넓혀 가는 것이 좋아요. 모든 아이들은 자신이 재미를 느끼고 흥미있는 것을 좋아하기 때문입니다.

선율이의 경우, 발화(말트임) 전에는 놓여있는 딸기와 바나나를 스스로 쥐고 먹었겠지요.

하지만 아이의 언어적 표현을 유도하는 시기에는 딸기와 바나나를 선율이의 손에 닿지 않는 곳에 두고, 다른 사람에게 요청을 하거나 목표를 향해 스스로 소리내게끔 유도하여야 합니다.

그 학습이 하나, 둘 경험으로 쌓이면 아이의 뇌에서

'아, 내가 소리를 냈더니 엄마가 딸기를 주네?'

'내가 딸기라고 말하면 엄마가 다른 것과 딸기 중 딸기를 주네?'

'내가 싫어라고 말하면 엄마가 멈추네?'

하고 학습을 하게 됩니다. 그렇게 조작화 된 정보들은 단기기억에서 장기기억으로 저장이 되지요. 장기기억으로 저장이 된 단어들은 곧 아이의 욕구와 상황에 맞게 인출이 됩니다. 자발(스스로 발화)의 유창성을 띄는 시기이지요.

자폐 아이의 인지적 학습을 위해서는 아이가 좋아하는 것으로 학습을 시작하되, 조금씩 영역을 넓혀주는 것이 좋습니다.

선율이가 좋아하는 딸기 카드 한 장으로 시작해서 포도와 딸기 카드,

포도와 사과와 딸기 카드로 점점 학습을 늘려주세요.

학습은 아이가 분류를 인식하며 따라오는 시기를 고려하여 늘려주는 것이 좋아요. 매 학습시간에는 강화물과 최고의 칭찬도 잊지 말아야 합니다.

발음 이야기를 해 볼까요?

발화(말트임)가 된 아이들 중에서 발음이 예쁘지 않은 아이들이 있어요.

"엄마, 같이 가자."

"어마, 가티 가타."

부모님은 아이의 **평균 발화(말트임)길이**보다는 발음에 더 신경이 쓰이는 시기지요. 무발화(말트임 없음) 자폐아이들은 정상발달 아이에 비해 발화(말트임)가 늦습니다. 그럼, 정상발달 시기에 쓰여야 했던 근육과 신경들은 발달되지 않고, 굵어지지 않고, 강화되지도 않고, 사용되지 않고 있었겠지요. 그러면 그 부분들은 어쩔 수 없이 미숙할 수밖에 없어요.

평균발화(말트임) 길이(MLU)

각 문장 속에 포함된 낱말이나 형태소의 수를 평균으로 나타낸 것〈특수교육학 용어사전〉

(예를 들어 어절에 의한 발화(말트임)길이를 산출한다면,

"밖에 가자"

"엄마, 같이 가자" = 밖에 / 가자 / 엄마 / 같이 / 가자 = 평균 어절 길이는 5/2=2.5)

발음이 좋아지기 위해서는 많이 읽고, 많이 따라하고, 규칙적인 구강 마사지를 통해 구깅 근육과 신경을 풀어주고 키워주는 것이 중요합니다. 발음 또한 혀와 구강, 턱 등 조음기관을 많이 사용하여야 좋아지는 것이죠.

그리고 센터에서 수업을 하다 보면, 설소대 제거 수술을 한 아이를 가르치기도 합니다.

설소대 수술

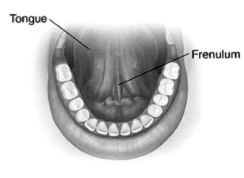

Tongue

Frenulum

설소대란 혀 아래 가운데 세로로 보이는 긴 주름형태로 생긴 인대이다. 이 설소대가 짧은 것을 설소대 단축증이라고 하는데, 흔히 '혀가 짧다.'라고 표현한다. 설소대가 짧아 혀의 운동이 제한되므로 설소대 수술을 통해 짧은 설소대를 제거(레이저 혹은 매스)하여 혀의 운동을 원활히하는 수술이다.

하지만 발음이 좋지 않다고 해서 무조건 설소대 수술을 할 필요는 없어요. 설소대 수술은 병원에서 의견을 제시할 경우, 고민해 보시는 것이 좋을 것 같아요. 중요한 것은 설소대 수술 후에도 **조음치료**가 병행되어야 한다는 사실입니다.

조음치료

아동의 발화(말트임)중 오류로 산출되는 음소를 교정하거나 인지적으로 잘못된 발화(말트임) 오류패턴을 줄이는 치료.

학습인지의 상승과 자발(스스로 말하기)은 뇌의 학습양입니다. 따라하기, 모방하기, 옹알이로 학습의 양이 채워져야 완성이 되는 것이지요.

발화(말트임)된 아이의 자발(스스로 함), 발음, 인지 또한 분량이 채워져야 완성이 됩니다. 백번, 천번을 아이와 함께 반복해 주세요. 아이는 계속 크고 있으니까요.

저희 아이, 이렇게 성장하고 있어요

이 글은 필자와 인연을 맺고 함께했던 학부모님과의 문답입니다.

〈행복한 버스 기사, 유찬이의 이야기〉

유찬이는 궁금증이 참 많은 친구지요. 특히 소리가 큰 물건들을 좋아합니다. 밖에선 버스, 자동차, 오토바이. 집 안에선 드라이기, 청소기, 시계. 그리고 귀여운 그림도 좋아해서 아기가 나오는 책이나 달팽이가 나오는 그림을 유심히 보았다가 그림으로 척척 그려내는 재주가 뛰어나요.

유찬이는 시각적인 사물 관찰력과 기억력이 아주 좋은 아이예요. 관심 있는 물건을 드라이버로 뜯어보기도 하고, 그림도 그리고, 상상력을 더해서 매번 새롭고 섬세한 그림들로 저를 놀라게 했지요. 물론 자신이 생각하는 그림만을 반복적으로 그리려는 귀여운 고집도 있지만 옆에서 함께 놀아주며 조금만 이끌어주면, 새로운 인물과 새로운 구성으로 종이 한 페이지를 금방 가득 채우곤 하지요.

처음 유찬이와 수업을 할 당시, 유찬이는 아주 느리게 명사 위주의 단어를 뱉어내거나 말 따라하기가 한두 박자 늦는 것이 뇌 속에서 언어적 프로그래밍이 바로바로 연결되지 않는 느낌이었어요.

저와 1년간 놀이 언어치료를 하며 감정적인 부분에서 아이와 공감대를 많이 쌓았고, 유찬이가 좋아하는 수업으로 30분, 책 한 권 따라 하기로 20분 수업을 진행하였습니다.

물론 학습에 대한 거부도 있었지만 즐겁게 놀이하는 시간으로 수업을 인식하자, 교실에 들어오면 바로 종이와 색연필을 꺼내 들고 자신의 실력을 마음껏 뽐내며 편하게 그림 그리기를 즐겼습니다.

책 읽기도 아이가 좋아하는 아기가 나오는 책, 달팽이나 귀여운 동물 책으로 먼저 시작하니 유찬이가 먼저 그 책을 보자고 들고 오는 날도 늘어났지요.

유찬이는 언어수업을 통해, 그리고 심리적 공감 수업을 통해 자신의 감정, 기분, 욕구, 불만 등을 언어로 표현하는 방법과 평균 발화(말트임) 길이와 속도, 운율까지 굉장한 발전을 한 아이였어요.

언어수업 방법

유찬이 – 아기, 아기, 자.
선생님 – 유찬아, 아기 자? 유찬이도 자!
유찬이 – 아기, 자. 유찬이 자. 잘자는 우리아기 아이, 예쁘다.
선생님 – 잘자는 우리 유찬이 아이, 예쁘다.
(책 속 글자, 내용 실생활에 사용하기 연습)

심리적 공감 수업 방법

유찬이 – (소리지르며) 소리지르면 나빠요, 살려주세요.
선생님 – 맞아, 소리지르면 시끄러워. 유찬이 기분이 나빠요?
유찬이 – 기분이 나빠요. 소리 질러요.(소리지르며)
선생님 – 응 ~ 유찬이 기분이 나빴구나. 그래서 소리지르구나.
유찬아, 소리 다 지르고 선생님께 말해줘. 기다리고 있을게.

마음이 급해서 더 풍부하고 섬세한 언어들로 표현방법을 채워주는

게 필요하지만 그래도 일 년간 폭풍 성장을 이뤄낸 참 멋있는 아이지요.

어머님과 아버님은 유찬이의 수업에 관심이 많습니다. 항상 상담을 함께 들어오셔서 집에서 있었던 일, 친구들과 있었던 일, 그리고 집에서 변화해야 할 것들에 대해 상담을 많이 하시지요.

일주일 두 번 수업이지만 매번 이렇게 궁금한 것이 많고, 아이에 대한 말씀을 많이 해주시는 부모님은 적어요. 그만큼 유찬이에 대한 관심과 사랑이 많다는 뜻이지요.

그런 부모님께, 유찬이에 대한 질문을 드렸습니다.

저자) 아이가 첫 특수 수업을 받게 된 계기는 무엇이었나요. 방문병원의 의견은 어땠나요?

유찬 대디) 아이가 4살 때까지 엄마라는 단어 외에 다른 단어를 발음하지 못하였습니다. 보통은 발음이 부정확하더라도 옹알이라도 하는데, 옹알이도 없었습니다.

다행히 엄마라는 발음은 하기에, 신체적인 결함은 없다고 판단하고, 인터넷을 통해서 전문기관을 찾아보게 되었습니다.

4살 때, 병원에서 검사를 받았는데, 또래 애들보다 약 2년 정도 발달이 늦다는 진단을 받았습니다.

발달이 많이 늦은 편이어서, 중증 장애 진단을 받았고, 복지카드도 발급받게 되었습니다. 다행히 자폐에 대한 소견은 경미하다고 진단되었습니다.

저자) 몇 살 때 어떤 특수 수업(치료)부터 시작하였나요? 동시에 병행한 수업은 어떤 것이 있을까요?

유찬 대디) 4살 무렵에, 동탄 소재의 ○○병원에서 주 1회 언어치료를 1년 동안 받았지만, 언어사용능력이 크게 개선되지 않았으며, 다른 기관을 찾아봐야겠다고 생각했습니다.

저자) 특수 수업(치료)을 받으며 아이에게 가장 효과적이었던 것은 어느 것이었나요?

유찬 대디) 5살이 되면서, 동탄 ○○센터에서 수업을 받게 되었습니다. 긍정적인 변화들이 시작되었던 것 같습니다.

센터 수업은 아이의 심리적인 공감 부분이 컸고 또 수업적으로는 단호한 부분이 있어서, 아이가 초기에는 거부감이 강했지만, 이내 선생님의 수업방식에 따라가는 모습을 볼 수 있었고, 이 부분이 변화의 시작이었습니다. 언어나 사회성 면에서 긍정적인 변화들이 나타나는 것을 볼 수 있었습니다.

동시에 오산 ○○센터에서 언어치료 및 놀이치료 수업을 주 1회씩 받았지만, 선생님들께서 전적으로 아이와 놀아주는 방식이었고 수업이 학습적으로 크게 도움이 된다고는 생각하지 않았지만, 여러 선생님의 교육을 경험하는 부분도 사회성을 기르는 면이 있는 것 같아서 약 2년 정도 수업을 지속하였습니다.

저자) 아이가 잘 성장하고 발전하게 되었던 학습이나 가정에서의 시도 혹은 특별한 취미가 있을까요?

유찬 대디) 아이가 그림을 그리거나, 드라이버로 장난감을 분해하고,

조립하는 걸 좋아하는데, 본인이 좋아하는 걸 칭찬하고, 잘했다고 독려하는 편입니다.

저자) 아이를 양육하여 세웠던 기준이나 혹은 믿었던 아이만의 가능성은 어떤 것이었나요?

유찬 대디) 사실, 아이가 초등학교에 들어갈 때쯤, 정상적인 발달수준에 다다르면 좋겠다는 생각을 하였습니다. 하지만 지금 우리 아이에겐 조금 더 시간이 필요하다고 생각하고, 천천히 가더라도 건강하게 성장해주길 바라고 있습니다.

저자) 발달 아이 혹은 아이를 양육하는 다른 부모님께 도움이 되는 말이 있을까요?

유찬 대디) 발달 아이를 키우는 부모님들이 엄청난 스트레스를 받으실 겁니다. 하지만 부모님들이 스트레스를 받으면, 아이한테도 좋지 않은 영향을 미칩니다. 아이를 위해 좀 더 기다리고, 지금 할 수 있는 선에서 최선을 다하시면 좋을 듯합니다.

〈유찬이의 그림〉

3장
선생님이 가르쳐주는
쉬운 우리 아이 가정학습

1 구강마사지, 이렇게 해주세요.

언어치료사와 함께하는, 구강마사지

유튜브 영상에서도 볼 수 있습니다.
유튜버 언어치료사 slp아이해
'발달아이 구강마사지 방법'

1) 활동명 : 구강마사지

2) 활동 개요

* 소요시간 : 하루 1~2회, 2~5분씩

* 준비물 : 비닐장갑(실리콘 혀클리너, 막대사탕)

* 참여 인원 : 보호자 1~2명

* 난이도: 중, 하

3) 활동의 목적

구강 내 근육과 신경 근육을 풀어주고, 혀와 침샘을 자극하여 조건반사와 구토 반응 등 구강의 감각기능을 원활하게 합니다. 또한 혀의 활동성을 높여 섭식 뿐만 아니라 언어기능을 높이는 데 도움이 됩니다.

4) 순서

1. 아이와 마주 보고 앉아 아이에게 비닐장갑을 보여주며 아이의 입술을 톡톡 터치합니다. "이제, 입마사지 할 거야." 하고 '구강마사지'를 할 것을 말

해줍니다.

2. 비닐장갑을 보호자의 손에 끼우고 보호자의 입을 마사지하는 장면을 아이에게 보여줍니다. '아프지 않아', '다했다' 웃으며 아이의 긴장을 풀어줍니다.

3. 새로운 비닐장갑을 끼고 아이에게 '아' 소리를 내라고 하며, 입을 벌리게 합니다.

4. 윗입술과 윗잇몸 사이를 검지로 왔다 갔다 잇몸을 손가락으로 마사지합니다. (처음에는 앞 이와 잇몸을 위주로 마사지합니다. 아이가 익숙해지면 안쪽 어금니 잇몸까지 마사지합니다.)

5. 밑 입술과 밑 잇몸 사이를 검지로 왔다 갔다 잇몸을 손가락으로 마사지합니다.

6. '나비야', '곰 세마리' 등 아이가 좋아하는 노래 1절을 불러주며 다 부를 동안 마사지합니다.

7. 입천장과 입안 윗잇몸을 검지로 마사지합니다.
   (아이가 턱을 닫아 손을 물 수 있으니, 마사지하지 않는 손으로 아이의 양볼을 잡아 입을 벌린 상태를 유지합니다.)

8. 밑니의 잇몸을 검지로 마사지합니다. (아이의 거부가 심할 경우, 중단합니다.)

9. 혀의 위와 혀의 아래, 혀의 안쪽을 검지로 마사지합니다.
   (손을 너무 깊숙이 넣지 말아야 하며 구토반응이 있는 것은 자연스러운 반사빈응입니다. 입 안쪽을 진행하며 동요 2절을 마저 불러줍니다.)

10. 혀의 마사지가 불가능할 경우, 혀 클리너와 막대사탕을 이용하여 혀로 좌, 우로 옮겨주는 연습을 합니다.

5) 주의사항 (부모의 역할 및 안전사항)

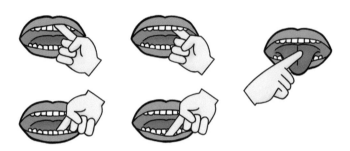

- 아이가 처음부터 구강마사지에 대한 거부반응을 보이거나 불안이 크다면 시범만 보여주고 "다음엔, 민영이가 할 거야."하고 말해준 뒤 바로 시작하지 않습니다.
- 아이의 불안도가 낮아지면 아이의 손에 비닐장갑을 씌워주어 먼저 보호자의 입에 손가락을 넣어 마사지하는 것을 시도 한 후, 아이의 입에 구강마사지를 실시합니다.
- 4, 5번을 진행하며 잇몸에 껴 있는 음식물을 발견할 경우, 아이의 저작운동에 어려움이 있는 것이므로 그에 맞는 식생활로 변화를 주고, 식사 후 충치 예방을 위해 바로 양치질을 할 것을 권장합니다.
- 혀와 입안 마사지가 힘들 경우, 시간을 가지고 서서히 진행합니다. 아이가 구강마사지에 익숙해지고 스스로 턱을 다물지 않는 근육조절이 가능해지면 시도합니다. 그 전까지는 혀클리너와 사탕을 이용하여 **혀마사지**를 합니다.

혀마사지

혀를 이용하여 왼쪽 볼에서 오른쪽으로, 오른쪽 볼에서 왼쪽으로 사탕을 옮기는 연습.

- 양치시, 칫솔로 구강마사지를 하지 않습니다. 구강마사지에 대한 불안감으로 이닦기를 싫어하게 됩니다. 또 칫솔의 솔보다는 부드러운 손을 이용하는 게 아이의 감각에 도움이 됩니다.

6) 활동 놀이의 효과 (변화)

- 입술 근육과 입안 근육들이 감각을 찾아가며 침흘림과 입벌림이 줄어듭니다.
- 구강 근육의 이완과 강직을 조절하고 입술과 볼의 근육을 사용함으로써 다양한 얼굴 표정과 입술 모양을 유도할 수 있습니다.
- 구토 반응과 침샘 자극으로 구강 감각 발달에 도움이 됩니다.
- 혀를 인위적으로 들어 올리거나 내림으로써 치조음(ㄷ[t] · ㅌ[th] · ㄸ[t'] · ㄴ[n] · ㄹ[r])과 연구개(ㄱ, ㅋ, ㄲ, ㅇ) 사용 등 언어 사용시 조음 면에서 도움이 됩니다.

2. '말하기'의 시작은 호흡부터!

유튜브 영상에서도 볼 수 있습니다.

유튜버 언어치료사 slp아이해

'언어치료사와 함께하는 자폐아동 언어치료'

1) 활동명 : 피리불기, 비누방울 불기, 초불기

2) 활동 개요

* 소요시간 : 하루 2회 이상, 2~4번씩

* 준비물 : 아이용 피리, 비누방울, 생일 초

* 참여 인원 : 보호자 1~2명

* 난이도: 중, 하

공명

공명이란 울림이다. 호흡을 통한 성대의 울림은 단순한 진동이지만 울명을 활용하면 전달력이 생긴다.

호흡은 폐, 발성은 후두, 조음은 혀, 턱, 입술을 사용하고, 공명은 비강을 사용한다.

3) 활동의 목적(의의)

'발화(말트임)'를 위해서는 '호흡, 발성, 조음, **공명**' 이 네 가지가 협응이 되어야 합니다. 그 중 호흡은 숨쉬기를 위한 호흡(흡기 40%, 호기 60%)과 발화(말트임)를 위한 호흡(흡기 10%, 호기 90%)로 나뉩니다. 피리등 불기 수업은 발화(말트임)를 위한 호흡 연습을 위해 불기의 방법과 강도를 배우고 길고, 깊은 호흡을 유지하기 위함입니다.

4) 순서

1. 아이가 피리를 친숙하게 여길 수 있도록 준비한 여러 개의 피리를 아이의 놀잇감 사이에 넣어둡니다. 종종 보호자가 피리를 부는 모습을 보여주며 '와' 하고 박수를 칩니다.

2. 아이의 입술에 살짝 피리를 대 보며 아이의 반응을 봅니다. 아이가 고개를 돌리거나 스스로 피리를 잡아 손에 쥐고 노는지, 아이의 반응을 확인합니다.

3. "수진아, 피리 불어보자"하며 아이의 입에 피리를 댑니다. 아이가 불어보려 하지만, 입술을 모으지 않거나 부는 방법을 몰라서 피리에서 소리가 들리지 않는 경우가 많습니다.

4. "잘했어, 엄마랑 같이 불어보자."하고 아이를 엄마의 무릎 위에 앉혀서 아이를 뒤로 앉는 자세가 됩니다. 아이가 긴장하지 않도록 머리를 쓰다듬어 줍니다.

5. 한 손으로 아이의 입술에 피리를 대고, 다른 손으로 아이의 입술을 피리에 맞게 동그랗게 모아줍니다.

6. 코로 호흡하여 기류가 빠질 경우, 소리가 들리지 않습니다. 소리가 나지 않아도 아이의 머리를 쓰다듬어 주며 "아이, 잘했어" 칭찬해 줍니다.

7. 아이에게 피리를 주어 스스로 가지고 놀게 합니다. 거부감을 줄어들게 합니다.

8. 다시, 아이를 뒤에서 안고 이번에는 한 손은 피리를 잡고, 다른 한 손을 입술을 모아주며 기류가 빠지지 않도록 입으로 바람이 나오도록 유도합니다. 아이가 날숨일 때 피리 소리가 들리고, 아이가 자신이 피리를 부름에 놀라는 모습을 보입니다. 큰 소리로 칭찬해주며 박수를 쳐 줍니다.

9. 아이 스스로 피리를 부는 감각을 익힐 때까지 하루 2~3번 반복하여 줍니다. 아이가 '놀이'로 인식할 수 있도록 딱딱하지 않은 분위기에, 칭찬을 항상 해 줍니다.

10. 아이가 스스로 피리를 불 수 있게 되어도 1~3달 지켜봅니다. 3달이 지난 후에도 스스로 불면, 그 감각을 익힌 것입니다.

5) 주의사항 (부모의 역할 및 안전사항)

- 아이가 피리에 대한 자신감이 없을 경우, 고개를 돌리며 거부가 심합니다. 아이에게 계속 시도하지 마시고 가족 모두가 돌아가며 피리를 부는 모습을 보여주고, 박수치기를 모방하여 '피리는 즐거운 놀이'라는 인식을 심어주세요.

- 아이를 뒤로 안고 입으로 나오는 기류를 이용하여 피리를 불 시에, 코를 잡으면 겁을 먹기도 합니다. 입으로도 숨을 쉴 수 있다는 사실과, 입으로 숨을 뱉어야 피리를 불 수 있다는 사실을 인지하게 되면 신기해 하며 스스로 피리를 잡기 때문에 아이가 거부하더라도 계속 시도해 주는 것이 좋습니다.

- 만약 실패한 상태에서 그만두게 되면, 피리불기, 초불기, 모두 계속 거부감을 가지게 됩니다. 또한 호흡이 짧아져 발화(말트임)를 하게 되어도 '엄, 마, 오, 세, 요.' 발화(말트임)가 짧아질 수 있으므로 호흡을 늘려주는 '불기'는 유지해 주는 것이 좋습니다.

- 불기에 약한 아이 중 '초 불기'는 피리를 성공한 아이가 합니다. 피리를 입에 대는 척 하다가 아이가 입술을 모으고 날숨이 나올 때 초를 앞에 대서 불이 꺼져 연기가 나는 초를 보여줍니다. 반복으로 통해 자신이 초를 불었다는 것을 인지하게 되면 피리 없이도 그 감각을 기억해 초를 불 수 있게 됩니다.

- 불기에 약한 아이 중 '비누방울' 불기는 '초 불기'에 성공한 아이가 합니다. 비누방울은 한 지점에서 부드럽게 호흡을 길게 유지하여야 불 수 있습니다.

- 아이의 입술 – 비누방울 – 초 순서로 두고 아이가 초를 불기 위해 호흡을 할 때 비누방울을 성공하도록 유도합니다.

6) 활동 놀이의 효과 (변화)

- 불기가 강해지고 길어지면서 호흡을 조절하고, 2, 3어절의 발화(말트임)를 하는 데 도움이 됩니다.

- 호흡시 복부의 근육을 사용하게 되어 발화(말트임)시 큰 소리로 말하기에 도움이 됩니다.

- 입술을 모아주는 근육인 '구륜근'을 스스로 사용하게 되면서, 양순음(조음 될 때 입술을 이용하는 자음 'ㅂ, ㅃ, ㅍ, ㅁ')사용이 편해집니다.

- 호흡, 입술 모으기, 보기가 동시에 이루어지며 근육과 신경의 협응능력을 키워줍니다.

- '악기 소리내기'를 성공하게 되면서 자신감이 생기고, 초 불기와 비누방울 놀이를 하며 친구, 가족과 함께 놀이 할 수 있습니다.

3. 으샤으샤 소근육운동

1) 활동명 : 소근육 운동

2) 활동 개요
* 소요시간 : 하루 1~2회
* 준비물 : 아이용 숟가락, 지퍼 달린 상의, 크레파스, 삶은 계란(메추리알), 안전 가위
* 참여 인원 : 보호자 1명
* 난이도: 중

3) 활동의 목적(의의)

소근육 운동을 통하여 눈과 양 손의 협응능력을 기르고 근육 조작을 통하여 몸의 민첩성과 힘을 길러줍니다. 아이의 발달 시기에 맞는 근육 조작을 유도함으로 아이의 뇌발달에 영향을 미칩니다.

4) 순서

아이용 숟가락, 포크

1. 아이를 식사용 의자에 앉히고 밥상 위에 요플레를 준비합니다.
2. 아이의 숟가락이 자신을 향하도록 잡게 한 후 숟가락질을 시도하고, 요플 레를 스스로 입으로 넣도록 유도합니다.
3. 아이의 성공에 따라 점성이 없는 음식물로, 크기가 큰 과자에서 작은 과자 로 점점 예민함을 요하는 간식으로 바꿔줍니다.

- 아이가 긴장하지 않고 도전할 수 있고, 음식물을 흘려도 되는 장소(집) 에서 먼저 연습합니다.
- 천천히 반복하되, 음식물을 흘려도 한 그릇을 다 끝낼 때까지 계속합니 다. 도중에 멈추면 포기하는 것을 알게 됩니다.
- 대신, 처음에는 소량의 음식으로 시도하되, 아이가 좋아하는 것으로 시 작합니다.(아이의 평소 간식을 줄여주세요.)

지퍼 달린 상의

1. 아이에게 지퍼 달린 상의를 입힌 후, 지퍼를 채워 올려줍니다.

2. 아이의 손가락을 이용해 내리고 올리는 연습을 합니다.(보호자가 한 손으로 옷을 잡아줍니다.)

3. 아이의 한 손은 옷을 잡고 다른 한 손은 지퍼를 스스로 올리고 내릴 수 있도록 유도합니다.(아이가 자신의 양손과 옷을 보는 것이 중요합니다.)

4. 외출 시, 가방을 이용하여 연습하고 열고 닫기, 올리고 내리기가 익숙해지면 지퍼를 처음 끼우기 연습합니다.

후진연쇄는 어려운 활동을 완성단계 이전부터 시작하기에 아이의 성취감에 좋습니다. 지퍼 끼우기는 어렵지만 끼워진 지퍼를 올리고 내리기는 훨씬 쉽기 때문입니다. 자폐 아이의 지퍼사용이 힘든 이유는 시선처리 때문입니다. 시각과 손의 협응 운동을 늘려 동시감각을 늘려주어야 합니다.

후진 연쇄

마지막 하위행동부터 반대로 거슬러 올라가는 것. 완성된 것에서 완성되기 이전 단계로 내려가는 것. 예를 들어 지퍼를 처음부터 잠그는 방향이 아니라 잠궈진 것을 잡아당겨 여는 것부터 시작하는 것.

크레파스

1. 아이 앞에 스케치북과 크레파스를 준비하고 아이가 자유롭게 색칠하도록 합니다.

2. 색칠을 한 아이를 칭찬해 주고, 스케치북의 새로운 장을 넘겨 큰 원, 혹은 큰 네모를 그려 그 속을 색칠하도록 합니다.

3. 아이의 손을 보호자가 함께 잡고 크레파스를 예쁘게 잡아줍니다. 보호자와 함께 원, 네모 안을 색칠하고, 검정 크레파스로 테두리를 따라 그립니다.

- 자폐 아이는 색깔에 대한 분류가 어렵습니다. 놀이를 통하여 색깔에 대한 접근을 재밌게 느끼게 합니다.

- 연필을 잡기 이전에 굵기가 굵고, 색이 예쁜 크레파스를 이용하여 연필 잡는 연습을 해 줍니다.

- 선을 그리며 집중력과 시각과 근육의 동시감각을 키워줍니다. 색의 경계와 모양을 통하여 성취감과 예술감, 재미를 길러줍니다.

삶은 계란

1. 아이 앞에 삶은 계란을 준비하고 계란을 까는 모습을 보여줍니다.

2. 아이가 흥미를 가지고 스스로 껍질을 까도록 유도합니다.(흥미가 없을 시
   엔 반쯤 깐 계란을 아이의 손에 주어서 나머지를 다 까도록 도와줍니다.)

3. 다 깐 계란을 가족 이름의 접시에 나누어 하나씩 담아줍니다.

4. 가족에게 하나씩 먹여주거나 가져다 줍니다.

자폐 아이 중에는 계란의 흰자를 좋아하는 아이가 많습니다. 시각과
소근육을 동시에 사용하여 계란을 까고, 스스로 깐 계란을 먹으며 이 놀
이의 성취감과 즐거움을 느끼게 합니다. 또 계란을 가족의 접시에 나누
어 담게 하고, 가족에게 먹여주며 언어를 유도합니다.

예) '오빠 계란 먹어.'
　　'할머니, 계란 드세요.'

안전 가위

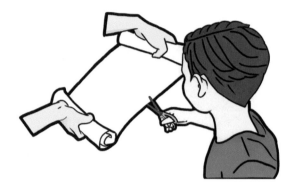

1. 아이의 엄지-검지, 엄지-중지를 번갈아 손가락 뽀뽀를 연습합니다.

2. 아이 앞에 안전 가위와 색종이를 준비하고 아이가 가위를 움직이면 보호자가 색종이를 가위의 사이로 밀어 넣어서 자르는 것을 도와줍니다.

3. 아이에게 잘린 색종이를 보여주며 잘 잘랐다고, 스스로 잘랐음을 인지시키고 칭찬해 줍니다.

4. 아이가 가위질에 익숙해지면 큰 종이를 자르는 연습에서 점차 작은 종이로 바꿔줍니다.

● 자폐 아이는 가위질을 어려워합니다. 두 손을 이용한 협응 운동은 곧 적응하지만 한 손을 이용한 운동은 비장애인 아이들도 처음에 어려워하는 학습입니다.

천천히 시간을 들여 연습하고 안전에 주의하되, 스스로 자른 것에 대한 칭찬으로 성취감과 놀이의 재미를 느끼게 해 주세요.

손 마사지

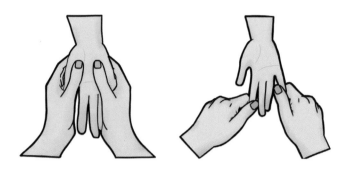

1. 아이의 한쪽 손을 쥐었다 폈다, 10번씩 합니다.

2. 아이 손바닥을 펴고 보호자의 양손 엄지와 손가락으로 손바닥과 손 등을
   잡고 마사지해줍니다.

3. 아이의 손가락을 하나하나 살짝 당기며 마사지합니다.

4. 아이의 손가락 끝을 엄지로 꾹꾹 눌러주며 마사지합니다.

5. 아이의 손바닥과 보호자의 손바닥으로 박수를 치며 마사지합니다.

● 손 마사지를 통하여 손 감각을 도와주고 박수, 짝짜꿍을 통하여 모
방하기, 혈액순환 돕기, 박자 감각을 키워주세요.

5) 활동 놀이의 효과 (변화)

호문쿨루스의 뇌 난장이 그림을 보면, 뇌와 연결된 신체 중 입과 손이
큰 비중을 차지합니다. 그만큼 손과 입은 뇌 발달에 큰 영향을 미칩니다.
손의 근육은 뇌를 활성화하는 근육이므로 소근육의 발달은 발달아이에
게 무척 중요합니다.

4. 으샤으샤! 대근육 운동

1) 활동명 : 대근육 운동

2) 활동 개요

* 소요시간 : 하루 1~2회, 2~5분씩

* 준비물 : 계단, 공, 줄넘기

* 참여 인원 : 보호자 1~2명

* 난이도: 중, 하

3) 활동의 목적(의의)

대근육과 소근육을 자주 사용하고 학습함으로써 한정된 근육만을 반복하여 사용하는 아이의 몸을 건강하게 유지해 줍니다.

아이의 근육 발달 시기에 맞춰 발달하지 않은 대근육과 소근육을 발달시킴으로써 섬세한 동작과 안정된 힘의 조절을 배웁니다.

4) 순서

공 던지기, 공 받기

1. 아이의 앞과 뒤에 보호자가 대기합니다.

2. 아이의 앞에서 공을 던져 주면 아이의 뒤의 보호자가 아이의 손을 함께 잡아 공을 잡습니다. 함께 칭찬을 해 줍니다.

3. 아이의 뒤에 있는 보호자가 아이의 손을 잡고 함께 공을 앞으로 던집니다.

4. 아이의 앞에 있는 보호자가 공을 잡고, 아이가 공을 잘 던졌음을 칭찬해 줍니다.

5. 놀이를 반복하여 아이 스스로 던지고, 받기를 할 수 있게 연습합니다.

● 보호자가 공던지기를 할 동안, 아이는 처음에 관심이 없을 수 있습니다. 다른 곳을 바라보며 자신의 손에 공의 촉감이 느껴져도 인식하지 않지요. 하지만 보호자가 박수를 치며 칭찬을 하면 자신이 무엇을 잘 했는지 찾게 됩니다.

● 날아오는 공을 계속 보아야 하고, 상대방의 위치를 확인하여야 하는 공던지기, 공 받기를 통해 움직이는 사물과 대근육 사용을 연습힙니다.

번갈아 운동하기

1 아이의 뒤에 벽이 위치하도록 아이를 벽 앞에 세웁니다.

2 아이의 오른팔 팔꿈치를 들고 아이의 왼쪽 무릎을 올려 대각선으로 맞대
  게 합니다.

3 아이의 왼팔 팔꿈치를 들고 아이의 오른쪽 무릎을 올려 대각선으로 맞대
  게 합니다.

4 대각선 크로스 운동을 반복합니다.

● 반대편의 근육을 사용하여 번갈아 운동을 하면 중심잡기에 도움이
됩니다. 벽에 서서하는 이유는 처음 하는 아이는 쉽게 넘어지기에 연습
후, 스스로 중심잡기에 성공하면 어느 장소에서든 번갈아 운동을 통하
여 팔다리 근육을 자유자제로 사용할 수 있습니다.

계단 오르기, 등산하기

1 보호자의 손을 잡고 아이가 계단을 천천히 오를 수 있도록 도와줍니다.

2 계단의 난관을 잡고 아이가 천천히 오를 수 있도록 옆에서 도와줍니다.

3 보호자가 계단 윗칸에서 양팔을 뻗어 아이가 스스로 계단을 오를 수 있도록 유도해 주고, 시간이 걸리더라도 조금씩 스스로 시도하기를 응원해줍니다.

● 하루 일과를 마치고 집으로 가는 길에 합니다. 시간에 쫓기지 않고 계단을 천천히 오르며 대근육 운동을 발달시킵니다.

아이가 계단 오르기를 하며 땀이나거나 옷이 더러워 질 수 있습니다. 그리고 힘든 마음에 아이가 아예 바닥에 드러누워버리기도 하지요. 집으로 돌아가는 길이니 눕거나 옷이 더러워져도 아이를 일으키지 마시고 스스로 일어나기를 기다려주세요. 그리고 규칙적인 운동으로 습관화하는 것이 중요합니다.

줄넘기

1 아이가 모둠 뛰기가 가능하여야 합니다. 아이의 모둠 뛰기에 '폴짝'이라는 단어를 넣어주세요. 모둠뛰기란 두 발이 동시에 공중에 뜨는 것을 말합니다.

2 아이의 손에 줄넘기를 잡아줍니다. 모둠 뛰기 '폴짝'이 끝나면 줄넘기를 넘겨서 '휙'이라고 소리를 붙여줍니다.

3 '휙', '폴짝'을 동작 하나 하나씩 천천히 반복합니다.

4 '휙 폴짝'을 합쳐서 속도있게 연습합니다.

● 자폐 아이는 작업을 기억하는 능력이 적습니다. 그래서 움직임에 소리를 붙여주는 것이 좋습니다.

'휙'하고 줄넘기를 넘기는 행위는 고정되어 유지되는 행위가 아니기에 소리를 넣어 머릿속에 연상가능하도록 이미지를 심어줍니다.

● 연속되는 운동은 소리를 넣어 이미지트레이닝을 통해 아이를 학습시키는 것이 좋습니다.

5) 활동 놀이의 효과 (변화)

뇌는 대뇌와 소뇌로 나뉩니다.

대뇌는 전두엽, 측두엽, 두정엽, 후두엽으로 나누어지고 감정조절, 언어, 기억, 생각, 이해 등을 담당합니다.

소뇌는 근육과 운동, 운동 방법의 기억을 담당합니다. 소뇌의 기능이 약하면 근육운동이 약해집니다. 소뇌의 기능을 키우기 위해서 대근육을 많이 사용하여 아이의 몸을 발달에 맞게 단련시켜 주어야 합니다.

가족들과 함께하는 대근육 놀이로 계단 오르기와 등산하기를 가장 추천합니다. 오르막길을 오르는 것은 앞의 길을 주시하고 한쪽 다리를 들고 균형을 유지해야 하기에 협응 운동에 도움이 됩니다.

근육운동은 끝이 없습니다.

걷는 것이 잘 되면 모둠 뛰기, 한 발 뛰기를 해 주고 달리기, 줄넘기, 자전거 등을 통해 아이의 근육을 계속 써주어야 합니다.

5. '바이 바이' 인사 모방하기

1) 활동명 : 인사 모방하기

2) 활동 개요

* 소요시간 : 하루 1~2회

* 참여 인원 : 보호자 1, 인사를 나눌 사람 1명

* 난이도: 하

3) 활동의 목적(의의)

'인사하기'를 모방하여 사회의 규칙을 배우고 타인과의 친근감을 형성하여 스스로 인사하기를 유도합니다.

4) 순서

고개 숙여 인사하기

1. 선생님과 보호자가 먼저 고개를 숙이며 인사를 나눕니다. "안녕하세요." 하고 고개를 숙이며 아이에게 시범을 보입니다.

2. 보호자가 아이에게 인사 따라하기를 지도합니다.

   보호자 – "요진아, 인사해야지, 안녕하세요."
   아이 – "안녕하세요."
   아이가 인사할 때 아이의 상체를 선생님을 향해 숙이게 합니다.

3. 인사 시, '안녕하세요' 인사말을 아이와 함께하고 아이의 상체를 함께 숙여줍니다.

4. 인사 시, 아이의 상체를 숙여줍니다.(아이 스스로 인사말을 하도록 유도합니다.)

5. 인사 시, 아이의 상체에 손을 얹어 인사를 해야 하는 시간 임을 계속 인지해 줍니다. 스스로 유지가 되더라도 2~3개월 동안은 계속 유지해 줍니다.

바이바이 인사하기

1. 선생님이 아이와 보호자를 향해 양손을 흔들며 바이바이 인사 시범을 합니다.

2. 보호자가 아이의 뒤에서 '선생님께 바이바이 인사하자.'하고 아이의 양팔을 잡아 흔들어 줍니다.

3. 팔을 통째로 흔들지 못하고 손바닥만 까딱하는 친구들이 많습니다. 팔꿈치를 뒤에서 잡아 주거나 밑에서 받쳐주어 어디에 힘을 주어야 하는지 아이에게 느낌으로 알려줍니다.

4. 반복연습을 통하여 '바이바이'소리에 혼자서 양팔을 흔들 수 있을 때까지 팔꿈치를 도와주거나 팔을 들도록 유도합니다.

5) 주의사항 (부모의 역할 및 안전사항)

● 아이와 어떤 활동을 학습할 때에는 항상 칭찬이 필요합니다. 계속 단계를 이어가는 중, 아이를 도와 인사에 성공하는 중, 모두 칭찬이 필요합니다. 항상 칭찬해 주세요.

● 바이바이를 연습할 시, 아이가 양 손바닥이 자신을 향하게 한 채 손을 흔드는 모습을 볼 수 있습니다. 바이바이 손바닥을 반대방향으로 하는 거지요. 왜냐하면, 선생님의 손이 그렇게 보이기 때문입니다. 그러면, 시범을 보여주는 손을 반대로 흔들어주세요. 선생님이 손바닥을 선생님을 향해 흔들면, 아이는 자신의 손바닥을 선생님을 향해 흔들게 됩니다.

● 동시 감각이 부족한 아이들은 손을 흔들며 말로 인사하거나, 고개를 숙이며 말로 인사하기 힘들어합니다. 그러면, 언어로 인사 먼저, 행동은 뒤에 연결시켜 주세요. 인사가 익숙해지면 동시가 가능해질 거에요.

유튜브 영상에서도 볼 수 있습니다.

유튜버 언어치료사 slp아이해

'가정에서 하는 자폐아동 호명, 눈맞춤 학습하기'

6) 활동 놀이의 효과 (변화)

인사는 사회활동의 기본입니다. 인사하기를 연습하여 선생님, 친구들과의 관계를 연결해나갑니다.

인사하기는 동시 감각을 사용하는 예절입니다. 손 흔들며 인사 말하기, 고개 숙이며 인사 말하기는 민첩함과 순발력을 요하지 않으면서 자연스럽게 동시 감각을 기를 수 있는 감각통합 수업입니다.

그리고 인사를 나누며 낯가림을 없애고, 상대방의 표정에 관심을 가지고, 행동에 대한 모방 욕구를 늘려 새로운 시도를 유도합니다.

6. 여름이 오면, 기저귀와 이별해요!

1) 활동명 : 기저귀 떼기

2) 활동 개요

* 소요시간 : 2~3개월, 6개월~1년

* 준비물 : 유아 변기

* 참여 인원 : 보호자 1~2명

* 난이도: 상

3) 활동의 목적(의의)

자폐 아이 중에는 감각이 예민하여 스스로 화장실 사용에 성공하는 아이가 있는 반면, 감각이 둔하거나 도움이 필요하여 연습이 중요한 아이도 있습니다. 그런 발달 아이를 위해서 기저귀 떼기를 연습합니다.

4) 연습

말은 - 자폐 아이에게 '이제, 기저귀 떼기를 연습할거야.' 하고 말해주세요. 수용언어가 낮아도 언어로 표현을 많이 해 주세요. 아이가 마음의 준비를 하는 시간을 충분히 주세요.

변기 위치는 - 거실 혹은 방에 아이용 변기를 두고 흥미를 느끼게 합니다. 변기에 앉아서 장난감 놀이도 하고 간식을 먹기도 합니다. 변기에 앉아 익숙해지는 시간을 가지게 합니다.

칭찬은 - 먼저 아이가 기저귀에 소변을 보거나 대변을 누는 자세나 제스처를 관찰했다가 미리 변기에 앉게 합니다. 아이가 변기에 앉아 볼 일을 보지 못하였어도, '아이, 잘 앉았네.'하고 시도한 것에 대한 칭찬을 해 줍니다.

시범은 - 아이와 함께 씻기 전 변기를 이용하는 모습을 보여주는 것도 좋아요. 보호자가 변기를 사용 후, '엄마가(아빠가) 변기를 썼네' 하고 아이에게 읊어주세요.

자기 전엔 - 아이가 잠들기 전 2시간은 물과 음료의 섭취를 줄여줍니다. 또 자기전에 화장실을 가는 습관을 늘립니다. 자다가 깨서 화장실을 가게 되면 아이의 수면 활동에 지장이 생기고, 자는 도중 이불에 실수를 하면 보호자와 아이 모두 속상하기에 되도록 아이의 바디 컨디션을 조절하여 줍니다.

언제부터 - 아이가 아침에 일어났을 때, 기저귀가 뽀송뽀송하다면, 이제 화장실 연습을 해도 된다는 의미입니다.

유지 기간은 - '언제부터'가 준비된 아이이라면, 그 해 여름에 시작하여 3~6개월간 유지를 해 줍니다. 여름에 시작하는 이유는 나시 혹은 원피스형 가벼운 옷을 입어 옷을 입고 벗기, 내리고 올리기에 편하고 아이가 속옷에 실수를 하여도 감기에 잘 걸리지 않기 때문입니다.

옷은 - 상의가 길어 무릎까지 오는 옷을 입혀주세요. 아이가 급하게 볼일을 볼 때 바로 팬티만 내리면 되는 옷을 입히면 변기에 앉기 전 시간을 절약할 수 있어요.

간격은 - 가정 보육시, 2시간에 한 번씩 변기에 앉혀주세요. 아이가 소변보는 간격을 잘 체크하여 앉히면 습관이 되어 앉기에 대한 거부감이 사라집니다.

어린이집에서 연계 - 가정에서 조금씩 변기 사용이 가능하다면, 어린이집에서도 연계해 주세요. 기저귀를 채우되, 선생님께 부탁드려 1~2시간에 한번씩 화장실을 사용하거나, 변기에 앉혀주는 시간만 부탁드리면 됩니다.

모든 시도에 칭찬해 주세요. 변기를 무서워하는 아이에게는 변기 옆에만 다가서도 칭찬을, 대변은 실패했지만 변기 앉기에 성공한 아이에게는 그것에 대한 칭찬을, 실수는 계속하지만 한 번이라도 변기사용에 성공한 아이에게는 그것에 대한 엄청난 칭찬을 해 주세요. 아이는 지금 큰 산을 넘는 중이에요. 많은 지지와 응원이 필요합니다.

5) 활동 놀이의 효과 (변화)

우리 몸의 대변과 소변을 조절하는 것은 **자율신경감각**입니다. 우리가 먹은 것을 소화시키거나, 몸에 혈액을 순환하게 하거나, 스스로 체온을 유지 할 수 있는 것은 우리 몸의 자율신경에서 무의식으로 작용하기 때문입니다. 그렇기에 배변활동도 몸에서 준비가 되어야 기저귀를 떼고 화장실을 이용할 수 있습니다.

자율신경감각

자율신경은 호흡, 순환, 대사, 체온, 소화, 분비, 생식 등 생명활동의 기본이 되는 기능이 항상성(homeostasis)을 유지하는 데 중요한 역할을 하고 있다. 자율신경은 무의식적으로 작용한다. (네이버 지식백과)

자폐 아이에게 기저귀란 가장 큰 고민입니다.

6~7세까지 기저귀를 계속 사용한다면, 보호자는 돌발상황에 비해 마음은 편하지만 아이의 자조기능은 퇴화하지요. 발달 되어야 하는 신경이 발달 시기에 맞춰 변화하지 않으면 신경 가지치기가 이루어지지 않아서 그 시기가 지난 후에는 더 혼란스러울 수 있어요. 그리고 혼자서는 화장실 사용이 어렵지요.

기저귀를 떼기 위해서는 그 연습을 위해서 일년 동안 가족들의 관심과 한결같은 노력이 필요하지요. 변화를 싫어하는 자폐 아이는 많은 스트레스를 받기도 해요.

하지만 화장실을 연습하고 사용하지 못하면 청소년기가 되어도 스스로 화장실 사용을 할 수 없어요. 그렇게 되면 외출에 제한이 생기고 일반 학교에도 가기가 힘듭니다.

힘들고 어려운 시도이지만 꼭 필요합니다. 가족과 아이와 선생님과 함께 상의하여 아이에게 맞는 방법으로 기저귀 떼기를 응원합니다.

7. 건강한 수면습관을 도와줄게요

인종이는 7살 귀여운 남자아이입니다. 인종이와의 수업은 잠과의 전쟁이지요. 퍼즐을 맞추다가 졸고, 인형놀이를 하다가 갑자기 졸아요. 심지어 과자를 먹다가 졸기도 합니다.

그 모습을 보고 있으면 귀엽기도 하고 신기하기도 하지만 사뭇 안타까운 마음이 커서 5분 정도 아이를 편안히 해주기도 합니다. 사실, 인종이는 밤에 잠들기 힘든 아이입니다. 발달 장애를 가진 친구들 중 건강한 수면이 힘든 친구들이 많지요.

인간의 뇌는 밤이 되면 멜라토닌이라는 수면 호르몬이 생성되면서 즐겁고 기분을 좋게 하는 아드레날린과 세로토닌과는 반대되는 차분한 기분이 듭니다.

하지만 수면이 힘들거나 일정하지 않은 친구들은 자야 할 시간에 활동 호르몬인 아드레날린의 분비로 인한 각성으로 잠을 자기 위한 신체적 준비가 되지 않습니다.

김밥 놀이

그런 친구들을 위해서는 낮시간 동안 활동적인 운동이 필요합니다.

만약 활동 후에도 아이의 각성이 내려오지 않는다면 '압놀이' 혹은 이불로 '**김밥놀이**'를 해서 땀이 날 때까지 호르몬의 변화를 유도하는 것이 좋습니다.

김밥놀이
이불로 아동을 김밥처럼 돌돌 말며 하는 놀이.

또 너무 더운 물로 하거나 오랜 시간 목욕을 하게 되면 오히려 수면을 방해하게 됩니다. 목욕시간은 정해진 시간대로 정해진 시간만큼만 규칙적으로 해 주는 것이 좋습니다.

멜라토닌은 인간의 망막에서 어두움을 감지하면 뇌에서 생성되기 시작합니다. 커튼이나 블라인드를 설치해 방의 밝기를 조절하여 밤과 낮의 구분을 도와주세요. 그리고 마음이 편하게 해주는 수면음악으로 마음안정에 도움이 되는 백색소음을 만들어주세요.

수면음악 – healing music
유튜브 영상

유아몽유병이나 야경증의 경우 아이의 잠을 무조건 깨우지 마시고 우선 아이 주변에 있는 물건을 치워 아이가 다치지 않도록 해 주세요.

수면 중인 채로 앉아 울더라도 흔들어 잠에서 깨우지 마시고 그대로 안아 달래주고 다시 눕혀주세요. 이런 증상은 학령기가 되며 자연스럽게 없어지는 친구들이 많지만 증상이 심해지면 아이를 위해 전문의와 상담을 권장해드립니다.

예로부터 '잠이 보약'이라고 하지요. 우리 발달아이들에겐 더 중요해요. 자는 시간에는 아이들의 뇌가 많은 활동을 하거든요. 건강한 수면습관을 길러 우리아이가 한걸음, 더 걸어 나갈 수 있도록 도와주세요.

유튜브 영상에서도 볼 수 있습니다.
유튜버 언어치료사 slp아이해
잠 못자는 아이, 수면장애

4장
선생님이 가르쳐주는
쉬운 우리아이 놀이학습

1. 과자 먹여주기 놀이

1) 활동명 : 과자 먹여주기

2) 활동 개요

* 소요시간 : 하루 1~2회

* 준비물 : 아이가 좋아하는 과자

* 참여 인원 : 보호자 1~2명

* 난이도: 하

3) 활동의 목적(의의)

아이가 좋아하는 과자를 이용하여 아이의 언어, 사회성, 소유개념, 정리정돈을 학습하고 놀이합니다.

4) 진행

1. 아이가 좋아하는 과자를 준비합니다.

2. 아이가 과자를 보고 달라고 하면,

"경진아, 과자 먹고 싶어?"

"과자 먹고 싶어요."

"그럼, 경진이가 뜯어 보자."

하고, 아이에게 봉지를 준 뒤, 스스로 뜯기를 기다려줍니다.

3. 아이가 과자봉지를 뜯어보다가 잘 안되자, 엄마에게 '뜯어달라'고 봉지를 내밉니다.

"경진아, 봉지가 안 뜯겨?"

"안 뜯겨요. 도와주세요"

"엄마도 잘 안되네. 누나한테 도와달라고 하자."

  엄마는 아이의 손에 봉지를 쥐어주고 누나에게 도움을 요청하도록 유도합니다.

4. 과자봉지를 받은 누나는

"경진아, 접시 3개 가져와. 엄마, 누나, 경진이꺼로 나누자."

하고 아이에게 말합니다.

5. 보호자가 플라스틱 접시 3개를 건네고 아이가 누나 앞에 접시를 내려놓습니다.

"자, 엄마꺼, 누나꺼, 경진이꺼. 누구꺼라고?"

"엄마, 누나, 경진"

"잘했어. 이제 과자를 뜯는 거야."

6. 누나가 과자를 뜯어서 하나씩 아이의 손에 올리고 그대로 접시에 하나씩

담습니다. 아이가 자신의 입으로 과
자를 가져가면 먹도록 두고, 씹을 동
안 과자를 배분하여 접시에 담아요.

"엄마꺼, 누나꺼, 경진이꺼"

누구의 것인지 담으며 반복하여 주
세요. 아이가 과자를 배분하는 것을
보며 소리를 따라하면 더 좋습니다.

7. 과자를 다 담고 누나가 말합니다.

"경진아, 과자봉지 쓰레기통에 버려주세요."

아이가 수행할 동안 기다려주거나, 쓰레기통 앞에 같이 가주어 아이가 쓰레

기를 버리면 바로 칭찬해 줍니다.

"경진아, 엄마 접시, 엄마 주세요."

경진이가 엄마에게 접시를 가져다줍니다. 엄마는 인사를 합니다.

"고마워, 잘 먹을게."

8. 아이와 누나가 서로의 접시를 듭니다.

"우리 같이 맛있게 먹자!"

5) 주의사항 (부모의 역할 및 안전사항)

● 아이가 과자에 대한 소유욕이 심하면, 과자봉지를 아이의 손에 주
고, 다른 과자로 접시에 배분합니다.

● 아이가 과자를 두고 쓰레기를 버리러 가지 않으면, 쓰레기통을 가까이 둬서 스스로 안심하고 쓰레기 버리기에 성공하기를 유도합니다.

● 아이가 과자 배분에 대한 거부감이 크면, 아이의 접시에만 과자를 붓고, 엄마에게 하나씩 먹여주기를 시도합니다.

● 입안 가득 과자를 먹을 때, 아이의 손에 과자를 잡게 하고 엄마의 입에 과자를 엄마가 아이의 손을 도와 넣습니다. 그리고 칭찬해 줍니다.

● 엄마에게 과자먹여주기를 성공하면 가족 구성원에게 또 먹여주며 칭찬해 주고, 가족과의 상호 작용과, 스스로 잘한 일에 대한 뿌듯함을 느끼게 해 줍니다.

6) 활동 놀이의 효과 (변화)

● 놀이 시, 대화체 사용으로 상황 언어의 기술이 발달합니다.
● 사회성을 가지게 되고 상대방과 교감을 느끼는 경험을 합니다.
● 실제 상황과 접목하여 어떤 상황에서 어떤 행동과 어떤 언어를 사용하여야 하는지 학습합니다.
● 놀이의 순서와 규칙을 배웁니다.
● 상대방의 놀이 방법을 모방하고, 감정을 익히며, 창의성을 기를 수 있습니다.

2. '눈은 어디 있나? 요기!' 포인팅 놀이

1) 활동명 : 포인팅놀이

2) 활동 개요

* 소요시간 : 하루 1~2회

* 참여 인원 : 보호자 1명

* 난이도: 하

3) 활동의 목적(의의)

아이와 보호자가 자신과 상대방의 얼굴과 신체 부위를 포인팅하며 명칭을 익히고 즐거운 놀이를 익히는 시간을 가집니다.

4) 진행

발달 아이는 마주 보는 상대방의 눈과 코는 포인팅 할 수 있지만 자신의 얼굴을 포인팅 하기는 어려워합니다. 손으로 만지지 않으면 감각적으로 어디 위치하는지 인식하기 어려울뿐더러 경험과 관심이 적기 때문입니다. 더군다나 눈맞춤이 힘든 친구들은 상대방 얼굴의 포인팅도 어려워합니다. 그렇기에 단계적인 모방과 포인팅 시도로 학습해주어야 합니다.

1. 먼저 보호자와 나란히 거울을 보며 자신의 얼굴 부위를 포인팅합니다.

   "고코코, 눈!"

   스스로 자신의 눈, 코, 입 포인팅이 가능해지면 거울을 보지 않고 소리를 듣고 포인팅하는 연습을 합니다. 그리고 놀이로 계속 학습해 주며 보호자가 일부러 틀려서 아이가 정정해주며 포인팅하는 것도 경험해 줍니다.

2. 다리를 쭉 뻗어 보호자와 엇갈려 다리를 포갭니다.

"코카콜라 맛있다, 맛있으면 더 먹지, 딩동 댕동!"

노래를 부르며 아이의 다리를 포인팅합니다. 놀이를 익히며 다리를 쳐다보지 않고 만지거나 힘을 주어 다리 감각에 익숙해지도록 합니다.

3. 보호자 2명이 양 팔을 잡고 아이와 놀이를 합니다.

"동동, 동대문을 열어라~ 남남, 남대문을 열어라~ 열두시가 되면은 문이 닫힌다."

아이가 팔 속에 갇혀서 어리둥절하면 보호자가 웃어서 재미있는 놀이라는 인식을 시켜주어야 합니다. 자신은 팔 속에 갇혀있지만 보호자의 웃음으로 웃어야 하는 놀이라는, 재미있는 행동이라는 것을 인식시켜줍니다. 타인과 함께하는 반복적인 놀이를 통해 놀이의 즐거움과 팔의 감각을 키워줍니다.

4. 직접적인 모방이 힘든 아이는 팔을 들어 '바이바이', '저요' 등 단순한 동작도 어려워합니다. 그런 아이를 위해 반복적으로 '저요' 하며 아이의 팔꿈치를 위로 올려주세요.

손이 올라가는 것이 맞지만 힘은 팔꿈치와 팔뚝에 주는 것이기에 힘을 주는 부위를 들어주거나 눌러주어 어느 부위에 힘을 주어야 팔을 드는 동작을 할 수 있는지 가르쳐 줍니다.

5) 주의사항 (부모의 역할 및 안전사항)

● 놀이가 시작되면, 아이가 하고 있는 행동과 해야 할 말들을 보호자가 실황중계로 대신 해줍니다. 아이가 청각을 통해서 상황언어를 배우는데 도움이 됩니다.

실황중계 예 :

보호자 : 눈은 어디있나 ~ 요기 ! 지현이가 눈을 짚었어!
아동 : 눈은 어디있나 ~ 요기 ! 지현이가 눈을 짚었어!

● 감각이 둔하거나 예민한 아이들은 아주 쉬운 모방동작도 힘들어 할 수 있습니다. 또 의욕이 아주 적은 아이는 몸놀이에도 불구하고 표정의 변화가 거의 없기도 합니다. 한두번의 시도로 포기하지 마시고 아이가 받아들이고 스스로 할 수 있을 때까지 반복적이고 계속적인 시도와 기다림으로 도와주세요.

6) 활동 놀이의 효과 (변화)

● 놀이 시, 보호자와 함께 하는 놀이로 사회성 발달과 신체감각의 예민성이 떨어집니다.

● 몸놀이를 통해 상대방과 교감을 느끼는 경험을 합니다.

● 실제 상황과 접목하여 어떤 상황에서 어떤 행동과 어떤 언어를 사용하여야 하는지 학습합니다.

● 놀이의 순서와 규칙을 배웁니다.

● 상대방의 놀이 방법을 모방하고, 창의성을 기를 수 있습니다.

3. 노래와 율동 놀이

1) 활동명 : 율동놀이

2) 활동 개요

* 소요시간 : 하루 1~2회

* 참여 인원 : 보호자 1명

* 난이도: 중, 하

3) 활동의 목적(의의)

아이와 보호자가 노래와 율동 놀이를 통하여 언어와 신체 감각을 동시에 사용하고 상대방을 모방하며 즐거운 놀이 시간을 가집니다.

4) 진행

자폐증을 가지고 있는 친구들은 동시감각이 발달되지 않은 친구들이 많습니다. 그래서 노래를 부르며 율동하기 힘들어 하는 친구들도 많고 율동과 행동을 동시에 하면 노래를 멈추는 친구들도 많아요. 그래서 단계별로 나누어 율동 놀이를 연습하는 것이 필요합니다.

1. 노래 완곡 연습하기

노래를 부르지 않던 친구들에게 노래를 유도하면, 처음엔 무반응합니다.

그리고 다음엔 가사를 넣지 않고 음도로 따라 부릅니다.

이때 가사를 넣도록 아이를 재촉하지 마시고 음도로 부르는 노래에 함께 반응하며 노래를 불러주면 다음 단계인 자신이 할 수 있는 부분에만 가사를 넣어 부릅니다. 연습과 반복을 통해 노래 완곡을 연습하여 "우리 '나비야' 노래 부를까?"

하는 소리에 함께 부를 수 있도록 재미있게 연습합니다.

2. 노래 완곡 중 부분적 율동하기.

'나비야' 노래를 부른다면 '나비야' 부분에만 날개짓 율동을 넣습니다. 아이가 노래를 부르며 부분 율동하기가 가능해지면 조금씩 율동을 늘려줍니다. 단순하고 쉬운 동작부터 시작해서 복잡한 동작으로 넘어가는 것이 좋습니다. 아이가 모방하는 순간을 칭찬하여 줍니다.

3. 완성한 율동 반복, 새로운 노래 시도하기

오늘 노래와 율동을 성공하였다고 해서 내일도 당연히 성공하리란 기대는 연습에 비례해요. 완성한 노래와 율동을 함께 할 수 있도록 계속 유지해주시고 새로운 노래도 계속 시도해 주세요. 물론, 아이가 좋아하는 노래와 쉬운 발음이 섞인 노래가 가장 좋습니다.

5) 주의사항 (부모의 역할 및 안전사항)

● 아이가 율동모방을 귀찮아하면 잠시 시간을 두고 놀이합니다. 청지각이 예민한 친구는 아이가 좋아하는 노래를 이용하여 모방놀이를 시작하는 것이 좋습니다. 아이가 율동을 같이 하며 노는 것에 즐거움을 느낄 때까지 은연중에 많이 노래를 들려주어 익숙해질 수 있도록 도와줍니다.

● 치료실 대기시간이나 집에서 식구들과 노는 시간에 해 주면 좋은 놀이입니다. **아이의 성공을 축하하기보단 시도에 축하를 해주세요. 시도하는 것에 대한 두려움이 줄어들고 성취감과 재미를 느끼게 됩니다.**

● 놀이가 시작되면, 아이가 하고 있는 행동과 해야 할 말들을 보호자가 실황중계로 대신 해줍니다. 아이가 청각을 통해서 상황언어를 배우는데 도움이 됩니다.

(실황중계 예)
보호자 : 곰 세 마리가 한집에 있어. 유진이가 노래를 불러요!

● 칭찬으로 아이의 놀이를 계속 같이 하되, 조금씩 참여하여 비중을 늘려갑니다. '함께 하는 놀이'가 혼자 하는 놀이보다 재미있다는 느낌을 긍정적으로 받아들일 수 있도록 조금씩 시도해 나갑니다.

6) 활동 놀이의 효과 (변화)

● 놀이 시, 대화체 사용으로 상황 언어의 기술이 발달합니다.
● 사회성을 가지게 되고 상대방과 교감을 느끼는 경험을 합니다.
● 놀이의 순서와 규칙을 배웁니다.
● 상대방의 놀이 방법을 모방하고, 창의성을 기를 수 있습니다.

4. 인형 놀이, 소꿉놀이, 병원놀이

1) 활동명 : 인형놀이, 소꿉놀이, 병원놀이

2) 활동 개요

* 소요시간 : 하루 1~2회

* 준비물 : 인형, 소꿉놀이 장난감, 병원놀이 장난감

* 참여 인원 : 보호자 1~2명

* 난이도: 중, 하

3) 활동의 목적(의의)

아이가 좋아하는 인형놀이, 소꿉놀이, 병원놀이를 보호자와 함께 함으로써 놀이에서 대화를 시도하고, 상호교감할 수 있는 놀이시간을 가집니다.

4) 진행

중증 자폐 아이가 혼자서 역할극을 이용하여 인형 놀이를 하는 경우는 드뭅니다. 상대방의 마음을 이해하는 '마음이론'이 적고, 창의적인 이야기를 끌어나가기보다는 TV로 보거나 들었던 내용을 그대로 읊는 경우가 많기 때문입니다.

그래서 아이의 놀이 형태는 애착 인형을 가지고 다니거나, 인형의 어느 한 부분을 집중적으로 보며 시각추구를 하며 노는 경우가 많습니다. 또는 소리 나는 인형을 반복적으로 누르며 그 소리를 듣기도 합니다. **발달 아이와 인형놀이를 하기 위해서는 인형에 가족 사진을 붙여주거나, 이름을 붙여주어 시작합니다.**

'엄마 인형', '아빠 인형'

아이가 인형의 이름을 따라 말하면, 아이가 먹던 과자를 인형에 먹여 주는 시늉도 하고, 빗을 이용하여 머리를 빗겨주기도 하고, 천을 이용하여 이불을 덮어주기도 합니다.

모방 행동이 늘어나면 소꿉놀이 장난감을 함께 이용하여 엄마 인형은 주방에서 식사준비를 하고, 아빠 인형은 출근을 하며 자동차를 타는 모습을 흉내 내며

'엄마가 오이를 잘라요.'

'아빠가 자동차를 타요.'

행동에 소리를 같이 학습하며 놀이합니다.

아이가 스스로 인형을 자동차에 태우거나, 소파에 앉히는 역할극을 시작하면 상황을 여러 가지로 나누어줍니다.

● 첫째, 인형의 개수를 늘립니다.(언니, 오빠, 할머니, 할아버지, 친구 등)

● 둘째, 단순한 인형 놀이에서 소꿉놀이와 병원놀이 장난감을 함께 적용하여 노는 방법을 가르칩니다.

● 셋째, 아이가 흥미와 재미를 가지고 스스로 즐길 수 있도록 천천히, 조금씩 놀이를 늘려갑니다.

간혹 같이하는 놀이를 거부하며 자신의 놀이를 고집하는 아이들도 있습니다. 그런 아이들을 위해 기다려주되, 인형이 아닌, 아이에게 소꿉놀

이와 병원놀이를 바로 적용하기도 합니다.

생일 초를 주며 '아영아, 생일 축하해!'

하며 스스로 초를 불게하고 박수를 치고 선물로 사탕을 건네기도 합니다. 아이가 즐거워하면 이번에는 보호자가 스스로 생일자가 되어 축하해달라고 아이에게 유도하기를 합니다.

아이의 귀에 장난감 체온계를 대고, 입을 '아' 벌려서 입을 살피고, 장난감 청진기로 아이의 배를 검사합니다.

'의사 선생님, 배가 아파요.', '머리가 아파요.', '주사를 맞아요.', '약을 먹어요.', '손을 잘 씻어요', '양치질을 해요'

보호자와 순서를 번갈아가며 병원놀이와 일상생활에서 청결한 습관의 중요성을 같이 익혀줍니다.

5) 주의사항 (부모의 역할 및 안전사항)

● 아이가 혼자서 놀이를 할 때 타인이 너무 적극적으로 다가서면, 아이는 부담감을 가지며 혼자있는 장소를 찾아 피하게 됩니다. 자신의 놀이를 침범하지 않을 것이라는 확신이 들도록 처음 놀이 시도 시, 대화를 시도하거나 바로 아이의 장난감을 만지지 않고 숨겨둔 여분 장난감을 이용하여 자연스럽게 시도합니다.

● 아이가 새로운 장난감에 흥미를 보이도록, 일부러 처음부터 장난감

상자를 열어주지 않습니다. 궁금해하며 추리를 해 보고, 열어달라고, 함께 가지고 놀자는 욕구를 스스로 느끼게끔 유도합니다.

● 놀이가 시작되면, 아이가 하고 있는 행동과 해야 할 말들을 보호자가 실황중계로 대신 해줍니다. 아이가 청각을 통해서 상황언어를 배우는데 도움이 됩니다.

(실황중계 예)
보호자 : 아이, 배고파. 토끼가 당근을 먹어요. 찬우가 당근을 토끼에게 주었어요.

● 아이가 놀이에 익숙해지면 정리하는 습관을 길러주어야 합니다. 장난감 상자에 아이의 이름을 쓰고, 스스로 읽게 하여 '누구의 것' 소유의 정의를 익히게 합니다.

6) 활동 놀이의 효과 (변화)

● 놀이 시, 대화체 사용으로 상황 언어의 기술이 발달합니다.
● 사회성을 가지게 되고 상대방과 교감을 느끼는 경험을 합니다.
● 실제 상황과 접목하여 어떤 상황에서 어떤 행동과 어떤 언어를 사용하여야 하는지 학습합니다.
● 놀이의 슈서와 규칙을 배웁니다.
● 상대방의 놀이 방법을 모방하고, 창의성을 기를 수 있습니다.

5. 동물과 과일 맞추기 놀이

1) 활동명 : 동물과 과일 맞추기
2) 활동 개요
* 소요시간 : 하루 1~2회
* 참여 인원 : 보호자 1~2명
* 난이도: 하

3) 활동의 목적(의의)

아이와 보호자가 구체물, 카드, 사진, 책 등을 통해 동물과 과일 이름을 익히고 같은 것을 짝지을 수 있는 인지를 키우는 놀이입니다. 동물, 과일 분류가 가능해지면 의성어, 의태어, 색깔, 맛 등 여러 학습도 가능한 놀이입니다.

4) 진행

● 발달 아이들은 형태를 통째로 외우는 시각적 강점으로 인해 숫자와 영어에 관심이 많습니다. 그래서 역동적, 경험적인 이유로 동물의 실사는 어려워하는 경우가 많아요.
● 잘하는 것과 어려워하는 것을 함께 해주는 것이 아이의 인지적 발달에 도움이 됩니다.
● 놀이를 할 때에도 학습이 포함된 놀이를 진행함으로써 놀이를 통해 스스로 공부할 수 있도록 유도해 주는 것이 좋습니다.

1. 아이가 좋아하는 것으로 시작하기

아이가 좋아하는 동물, 간식 등 모두 좋습니다. 아이 스스로가 긍정적인 이미지를 가지고 있는 것부터 시작해주세요. 만약 주제를 동물로 선택하였다면 그 동물과 여러 동물을 섞어서 계속 눈에 익혀주세요.
포인팅 하는 것도 함께 진행해주세요. 이름 알아맞히기를 잘하면 칭찬해주고 상으로 간식도 준비해주세요

2. 실사 사진, 책, 카드 등 매칭시키기

아이가 잘 아는 것으로부터 시작합니다. '사과'를 잘 찾는다면 매번 사과를 찾게 하여 아이가 '나 이거 잘해요!'하고 먼저 들고 와서 놀이를 시작하게끔 유도합니다.

실사와 책, 카드 등 여러 사물과 장소에 있는 사과를 인식시키고 그림에 구체를 매칭하는 놀이를 하며 칭찬하는 시간을 갖습니다.

3. 카드 뒤집으며 기억하기

발달 아이는 '연상하기'를 힘들어하지요. 그리고 지나간 과거를 '회상'하는 것도 학습해야 할 한 부분입니다.

카드를 뒤집으며 방금 본 것을 다시 찾거나 기억해서 말하는 연습을 하고 게임으로 발전시켜주세요. 자신이 잘하는 것은 금방 또 하자고 먼저 가지고 올 거예요.

5) 주의사항 (부모의 역할 및 안전사항)

● 학습 인지가 낮거나 하나에 대한 집착이 강한 친구들은 다른 동물로 넘어가기를 거부하는 경우가 있습니다. 강요하지 마시고 아이가 받아들일 때까지 옆에서 보호자가 놀이하며 기다려주세요. 보지 않는 것 같아도 아이는 모두 보고, 듣고 있답니다.

● 반복적으로 해주는 것은 좋지만 아이가 부담을 느낄 정도로 강요하지는 말아주세요. 잘한다고 억지로 시키면 싫증을 내고 할 수 있어도 하지 않으려고 할지도 몰라요. 적당한 '밀고 당기기'는 아이와의 심리전에 좋아요.

● 놀이가 시작되면, 아이가 하고 있는 행동과 해야 할 말들을 보호자가 실황중계로 대신 해줍니다. 아이가 청각을 통해서 상황언어를 배우는데 도움이 됩니다.

(실황중계 예)

보호자 : 채율이가 사과와 포도 카드를 찾았어! 빨간 사과와 보라색 포도!

● 칭찬으로 아이의 놀이를 계속 같이 하되, 조금씩 참여하여 비중을 늘려갑니다. '함께 하는 놀이'가 혼자 하는 놀이보다 재미있다는 느낌을 긍정적으로 받아들일 수 있도록 조금씩 시도해 나갑니다.

6) 활동 놀이의 효과 (변화)

● 놀이 시, 대화체 사용으로 상황 언어의 기술이 발달합니다.

● 사회성을 가지게 되고 상대방과 교감을 느끼는 경험을 합니다.

● 놀이의 순서와 규칙을 배웁니다.

● 상대방의 놀이 방법을 모방하고, 창의성을 기를 수 있습니다.

단어카드수업

유튜브 영상에서도 볼 수 있습니다.

유튜버 언어치료사 slp아이해

자폐아동, 집에서 단어카드 수업하기

6. 부릉부릉, 자동차 놀이

1) 활동명 : 자동차놀이

2) 활동 개요

* 소요시간 : 하루 1~2회

* 준비물 : 장난감 자동차

* 참여 인원 : 보호자 1명

* 난이도: 중, 하

3) 활동의 목적(의의)

아이가 좋아하는 자동차 놀이를 보호자와 함께 함으로써 놀이에서 대화를 시도하고, 상호교감할 수 있는 놀이시간을 가집니다.

4) 진행

● 지환이가 혼자서 자동차 놀이를 하고 있습니다. "빵빵", "부릉부릉" 소리 없이, 자동차를 일렬로 늘어놓거나 한 대를 멀리서 바라보며 손을 흔들며 시각 추구를 하고 있습니다.

● 보호자가 미리, 지환이가 좋아하는 자동차를 한두 개 가지고 있다가 지환이 쪽으로 하나씩 밀어줍니다.

● 지환이가 반응할 때까지 자동차를 밀어넣어 주다가 반응이 없으면 아이를 따라서 아이가 줄세워 둔 자동차 뒤에 새로운 자동차를 같이 줄세워 줍니다.

● 지환이가 보호자가 밀어준 자동차를 들어 자신이 원하는 각도로 다시 줄세웁니다.

● 보호자에게 자동차가 더 있다는 것을 안 지환이가 보호자에게 다가와서 숨겨둔 자동차를 달라고 손짓합니다. 이때, 보호자는 아이에게 '요구하기' 표현을 가르쳐줍니다.

보호자 – "지환이, 자동차 줘?"
지환 – "자동차, 주세요."

보호자 – "지환이, 자동차 놀이하고 싶어?"
지환 – "자동차, 주세요."

보호자 – "지환이, 자동차 놀이하고 싶어?"
지환 – "자동차, 놀이하고 싶어."

보호자의 말을 잘 따라하여 요구하기 표현을 한 지환이를 칭찬하며 자동차를 줍니다.

그런 다음, 보호자가 숨겨둔 다른 자동차를 꺼내서 지환이에게 보여줍니다.

보호자 – "빵빵, 자동차 출발!"
지환 – "빵빵, 자동차 출발!"

보호자의 말을 잘 따라히여 요구하기 표현을 반복한 지환이를 칭찬하며 자동차를 줍니다.

그런 다음, 보호자가 숨겨둔 또 다른 자동차를 꺼내서 지환이에게 보여줍니다.

보호자 – "빵빵, 아빠 자동차 타요!"

지환 – "빵빵, 아빠 자동차 타요!"

보호자 – "빵빵, 엄마 자동차 타요!"

지환 – "빵빵, 엄마 자동차 타요!"

보호자를 따라서 요구하기 표현문장을 완벽하게 표현한 지환이를 칭찬하며 자동차를 줍니다. 아이가 만족스럽게 자동차를 받습니다.

보호자가 세워져 있는 자동차를 들며 지환이에게 보여줍니다.

보호자 – "자동차 타고 마트 가자!"

지환 – "마트 가자!"

보호자 – "자동차 타고 학교 가자!"

지환 – "자동차 타고 학교 가자!"

이제는 따라하기를 요구하지 않아도 스스로 '요구하기'를 따라 표현하는 지환이를 칭찬하며 자동차를 끌고 갑니다. 보호자가 끌고 가며, 아이가 따라옵니다. 어느 지점에 자동차를 세웁니다.

보호자 – "학교 도착했어요!"
지환 – "학교 도착했어요!"

지환이를 칭찬하며 자동차를 줍니다.

보호자 – "지환아, 학교 도착했어요?"
지환 – "학교 도착했어요!"

보호자 – "뭐 타고 왔어요? 빵빵!"
지환 – "빵빵 자동차 타고 왔어요!"

지환이를 칭찬하며 반복합니다.

5) 주의사항 (부모의 역할 및 안전사항)

● 아이가 혼자서 놀이를 할 때 처음부터 적극적으로 다가서면, 아이는 부담감을 가지며 혼자 있는 장소를 찾아 피하게 됩니다. 자신의 놀이를 침범하지 않을 것이라는 확신이 들도록 처음 놀이 시도 시, 대화를 시도하거나 바로 아이의 장난감의 만지지 않고 숨겨둔 여분 장난감을 이용

하여 자연스럽게 시도합니다.

● 여러 번 따라 하기가 반복될 시, 표현 언어에 비해 수용언어가 높거나 인지와 지능이 높은 아이들은 짜증을 낼 수 있습니다. 아이의 익숙함을 인식하고 놀이를 시도하는 것이 좋습니다.

● 놀이가 시작되면, 아이가 하고 있는 행동과 해야 할 말들을 보호자가 실황중계로 대신 해줍니다. 아이가 청각을 통해서 상황언어를 배우는데 도움이 됩니다.

(실황중계 예)
보호자 : 규현이가 경찰차를 갖고있어요. 경찰차 출동!

● 칭찬으로 아이의 놀이를 계속 같이하되, 조금씩 참여하여 비중을 늘려갑니다. '함께 하는 놀이'가 혼자 하는 놀이보다 재미있다는 느낌을 긍정적으로 받아들일 수 있도록 조금씩 시도해 나갑니다.

6) 활동 놀이의 효과 (변화)

● 놀이 시, 대화체 사용으로 상황 언어의 기술이 발달합니다.
● 사회성을 가지게 되고 상대방과 교감을 느끼는 경험을 합니다.
● '내 것', '타인의 것'의 개념을 놀이를 통해 자신의 것이 아닌 것을 경험합니다.
● 놀이의 순서와 규칙을 배웁니다.
● 상대방의 놀이 방법을 모방하고, 창의성을 기를 수 있습니다.

7. 색칠, 그림, 미술놀이

1) 활동명 : 미술놀이

2) 활동 개요

* 소요시간 : 하루 1~2회

* 준비물 : 크레파스, 스케치북, 연필 등

* 참여 인원 : 보호자 1~2명

* 난이도: 중, 하

3) 활동의 목적(의의)

아이와 보호자가 함께 미술놀이를 통하여 여러 그림을 그리고 색칠을 하면서 미술놀이에 대한 재미와 스토리텔링을 만들고 색연필, 크레파스, 연필 등 도구를 소근육을 이용하여 활용하도록 유도합니다. 아이의 상상력을 발달시키고 색에 대한 구분과 느낌을 도와줍니다.

4) 진행

시지각이 발달한 자폐인과 아스퍼거 증후군이 있는 사람은 장면과 사물을 순간적으로 섬세하게 기억하기도 합니다. 그래서 그 기억을 토대로 본인 특유의 작품을 그려내는 재주가 있는 친구가 많습니다.

물론 '서번트'적 재능을 그림으로 승화시키기 위해서는 그만큼 노력이 필요하겠지요. 작가들은 그림을 통해서 자신의 감정과 표현을 알리고 소통으로 이어져 나가길 바랍니다.

1. 굵은 크레파스부터 잡기

연필 잡기 힘들어하는 친구들이 많아요. 굵은 크레파스부터 잡게 하면, 자기가 잡고 쓰면서 색깔이 예쁘고 잡기가 편해서 흥미를 가지는 친구들이 많지요. 크레파스로 밑그림이 그려진 단순한 그림을 덧대어 그려주세요. 일직선 선 긋기, 점선 긋기, 동그라미 위에 따라그리기 등 선을 따라그리는 것은 집중력과 인지력을 키워주는데 많은 도움이 됩니다.

일직선 선 긋기, 점선 긋기, 동그라미 위에 따라그리기.

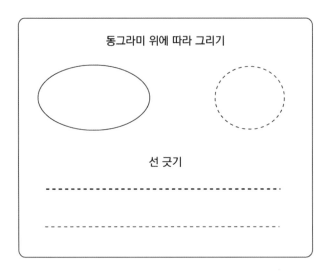

2. 색칠하기

● 그림을 그려보지 않았거나 흥미가 없는 친구들은 '난화기'(2~4세)의 그림을 낙서처럼 그립니다. 난화기란 자신의 팔을 스스로 통제하지 못하여 크

기가 다양한 원을 연속으로 그리는 것으로 색에도 중요성을 두지 않지요.

● 난화기(2~4세) 단계인 친구들의 크레파스를 바꾸어주며 밑그림이 그려진 그림에 색을 구분하여 색칠하도록 도와주세요. 경험이 쌓이고 흥미가 생기면 집중력을 발휘하기 시작합니다.

3. 반복적으로 그리는 그림 도와주기

발달아이, 자폐증을 가진 아이들 중 그림그리기를 좋아하는 아이는 자신이 좋아하는 것을 반복적으로 여러 장 그립니다. 호랑이를 좋아한다면 똑같은 호랑이를, 기차를 좋아한다면 똑같은 기차를 반복적으로 여러 장 그리지요. 그런 아이의 기차 그림에 **"상경아, 창문에 엄마 그려줘." "하늘에 구름 그려줘."** 이런 말을 하며 새로운 그림을 유도해주세요.

아이는 자신이 자신 있어 하는 그림이기에 요청대로 그려주기도 합니다. 그리고 첨부한 그림이 마음에 든다면 다음에 그리는 그림에는 방금 전 요청한 그림이 기본으로 들어가게 돼요. 그렇게 섬세한 그림이 늘어납니다.

4. 그림에 이야기 넣기

호랑이를 그리는 친구에게

"아빠 호랑이가 자동차를 타요."

하고 말하며 옆에 자동차를 그려줍니다.

아이가 또 같은 호랑이를 그리면

"아기 호랑이가 유치원에 가요."

하고 말하며 옆에 유치원을 그려주세요. 호랑이에만 집중하는 것 같은 아이도 소리와 행동은 다 보고 있어요. 뇌에 정보로 인식이 됩니다.

5) 주의사항 (부모의 역할 및 안전사항)

● 혼자서 그림 그리는 것을 좋아하는 아이에게 말을 시키거나 같은 종이에 그림을 그리면 종이를 들고 구석으로 도망갑니다. 자기 혼자서 하겠다는 이야기지요. 처음에는 다른 종이에 알록달록 예쁜 색으로 아이의 관심을 끌며 보호자 혼자 이야기 해주셔도 좋습니다. 시간을 가지고 기다려주면 아이도 조금씩 마음을 열거에요.

● 소근육이 너무 약하여 도구를 잡기 힘든 친구들은 보호자가 도와주는 것이 좋아요. 아이의 손에 크레파스를 잡고 그 손을 그대로 보호자가 감싸주세요. 그림을 그리며 점점 손가락에 힘이 들어가면 손목을 잡아주는 식으로 조금씩 손을 떼 줍니다.

● 그림을 그리면서 아이가 어떤 그림을 그리는지, 색깔이 어떤 색인

지, 어떤 모양으로 그리는지 보호자가 실황중계로 대신 해줍니다. 함께 해주는 칭찬이 아이가 보호자와 함께 미술하는 시간을 즐겁게 기억하게 해 줄 거예요. 미술을 통해서 소통하는 시간을 늘려줍니다.

(실황중계의 예)
보호자 : 민지가 빨간색 자동차를 그려요. 빵빵, 자동차 출발!

● 아이가 그리는 그림을 간직해주세요. 날짜와 이름을 함께 적어주어도 좋아요. 아이 소유의 파일을 만들어 그림을 끼워 넣거나 스캔, 코팅 등으로 보관도 좋습니다. 매일 똑같은 그림을 그리는 것 같지만 계속 성장하고 있어요. 그 변화를 기록으로 남겨주세요.

6) 활동 놀이의 효과 (변화)

● 놀이 시, 대화체 사용으로 상황 언어의 기술이 발달합니다.
● 사회성을 가지게 되고 상대방과 교감을 느끼는 경험을 합니다.
● 놀이의 순서와 규칙을 배웁니다.
● 상대방의 놀이 방법을 모방하고, 창의성을 기를 수 있습니다.

5장
선생님, 고민 있어요

1. 일반 학교에 가야할까요, 특수학교에 가야 할까요?

센터에서의 일주일 중 가장 바쁜 날은 토요일이에요. 주말에는 타지에서 수업을 오는 아이들이 많기 때문이지요.

센터와 집 간 거리가 멀 경우 평일 수업 참여가 힘들고, 부모님 두 분다 경제활동을 하는 가정은 주말에 두 시간씩 수업을 하지요. 게다가 아이가 커서 초등학교를 가게 되면 학교의 일정 때문에 센터에 오는 시간이 적어져 주말 수업시간을 원하시기도 해요.

민이의 수업이 끝나고 밝은 표정의 부모님이 상담을 들어오셨어요.

"아버님, 얼굴이 많이 밝아지셨어요. 혹 무슨 좋은 일 있으세요?"

"아, 네. 사실은 저희 민이가 이번에 특수학교로 전학을 가게 되었어요."

"어머, 아버님, 정말 축하드려요."

'자폐를 동반한 언어발달 장애'를 가지고 있는 민이는 일반초등학교 도움반 5학년 재학중입니다. 스스로 읽고 쓰고 화장실 가기, 밥 먹기 등 기본적인 활동도 혼자서 할 수 있지요.

하지만 자폐나 발달장애를 가진 아이들은 고학년이 될수록 학업을 따라가기 힘들기도 하고 사회적인 고립감과 많은 스트레스로 인하여 특수학교로 전학을 고민하게 됩니다.

우리나라의 특수학교는 수가 많지 않고 TO(Table of organization)(자리)가 많지 않기에 입학과 전학이 어렵지요. 그래서 일반학교와 특수학교의 진학 고민은 모든 부모님들의 고민이에요.

새해가 되면 저는 6살과 7살이 된 친구들의 진로를 고민합니다. 곧 '학교'라는 중요한 결정을 해야 하니까요. 물론 여러 치료센터와 아이의 인지화 학습적 발전으로 학교를 가기 전 많은 성장을 기대할 수 있지만 집과의 거리, 아이의 현 발달상태, 부모님의 걱정, 학교와 선생님과의 교류 등을 고려하여 '일반학교'와 '특수학교'를 미리 선택하여야 하는 중요한 사항이지요.

일반학교와 특수학교의 장단점

일반 학교 장점

- 비장애인 아이들을 보고 모방할 수 있게 되고, 일반적인 교과과정을 함께 공부한다는 것에 가장 큰 의의를 두게 됩니다.

일반 학교 단점

- 학년이 올라갈수록 일반 교과과정을 따라가기 힘들어지고 사춘기를 맞

는 비장애인 아이들의 시선이 달라지지요.

- 특수과목을 전담하지 않은 선생님과도 어쩔 수 없는 갈등이 생기기도 합니다.

특수학교 장점

- 실무사 선생님이 계셔서 도움이 필요한 아이들을 그때그때 도와주세요. 글자를 모르는 아이들은 연필을 잡는 법부터, 선 그리기, 의자에 앉아서 집중하기부터 배워요.
- 자조 기능이 약하거나 신변적 처리가 되지 않는 아이들은 도움 선생님을 통해 도움을 받을 수 있습니다.
- 한 번 입학하게 되면 초, 중, 고등학교를 다른 학교로 전학이나 이동 없이 한 학교에서 다닐 수 있어서 아이가 학교를 졸업할 때 마다 상위학교에 대한 불안이 없지요.

특수학교 단점

- 아이에게 맞춘 개별화교육이기에, 더 발전되고 심화된 학습보다는 일반적인 학습에서 교육이 이루어집니다.
- 특수학교는 모방하여 배워 갈 또래 상대가 없지요.
- 같이 공부하는 특수이이의 행동을 따라하기도 하고 ㄱ 아이 수쥬에 맞춰서 수업 진도가 늦게 나가거나 아예 낮춰서 나가는 경우가 생기기도 해요.

일반학교와 특수학교의 특징

일반/특수		특징
일반학교	원반	• 비장애인 아이와 초등교육을 전공하신 담임선생님의 통합교육
	특수학급 (도움반)	• 학년이 다른 장애아이 5~6명과 특수교육을 받으신 담당선생님이 개별화 교육. • 특수학급 아이들은 개별화 교육이 필요한 국어와 수학 같은 과목은 특수학급에서 공부를 합니다. • 그 외의 수업은 원반으로 이동하여 비장애인 아동과 함께 공부합니다. • 특수학급에서 원반으로 이동수업하는 경우가 많아서 특수학급에는 2명 정도가 남게 됩니다. • 특수학급의 담당선생님이 학년이 달라도 수준에 맞춰 수업의 진행이 가능합니다.
특수학교		• 5~6명의 소수로 된 반에서 특수교육을 전공한 선생님의 교수대로 아이들은 개별화교육과 더불어 자신의 발달에 맞는 과정 학습을 하게 됩니다

일반학교로 입학 고민을 하시는 학부모님들께 3가지의 기준을 제시합니다.

첫째, 착석이 가능할 것.

둘째, 화장실을 혼자 쓸 수 있을 것.

셋째, 자신의 요구사항을 자발(스스로 말하기)로 표현 가능할 것.

발달 장애를 가진 아이가 일반학교로 진학하게 되었을 때, 담임 선생님께 발달아이의 '불안'에서 나오는 행동을 모두 이해하고 그 아이에게만 집중해 달라 부탁할 수는 없습니다.

발달 장애 아이의 부모님 입장에서는 우리 아이에게 '조금만 더' 신경을 써 주길 원하지만 선생님의 입장에서는 20~30명 되는 반 아이들이 무탈하고, 모두 공평하게 대해 주는 것이 가장 중요한 기준이기 때문입니다.

집단을 대하는 선생님에게 이미 아이들은 개인의 역량차가 크지요. 그래서 기본적 자조활동과 자기조절능력, 자기표현 능력실행이 되는 아이가 일반학교 입학이 가능합니다.

상위학급으로 진학할수록 아이들의 심리와 섬세한 사회활동이 요구되어 발달아이 스스로의 언어적 표현으로 자신의 감정과 입장을 표현하지 못한다면 아이가 받는 스트레스는 나날이 늘어나기 때문입니다.

이 세 가지가 가능하다면 일반학교의 도움반에서 3학년까지는 수월하게 재학이 가능해요. 다만 담임선생님의 도움과, 우리 아이를 옆에서 도와줄 친구들의 도움이 필요합니다. 부모님 또한 학교의 행사나 어머니회에서 활약과 관심으로 아이를 지켜볼 수 있지요.

그런데 왜 3학년까지일까요?

1학년에서 3학년까지는 교과과정이 거의 쓰기와 약간의 읽기가 있지요. 이해를 돕는 삽화도 많아요. 하지만 학년이 올라가면 듣기와 쓰기, 읽기로 책에 글자가 많아집니다.

4학년이 되면 교과서에 있는 지문도 많아지고 빨리 읽고 빨리 이해하고 빨리 풀어야 합니다.

아이의 학업 스트레스가 쌓이고, 자신으로 인해 반의 수업 진도가 더디게 나가기도 하지요. 그리고 친구들의 시선들도 달라져요. 그것을 열심히 헤쳐나가거나, 특수학교로의 전학을 아이를 위해 추천드려요.

유튜브 영상에서도 볼 수 있습니다.
유튜버 언어치료사 slp아이해
자폐, ADHD, 발달아이
일반학교와 특수학교, 어디를 가야 할까요?

2. 특수치료 센터에 다니는 것이 아이에게 도움이 될까요?

'늦되다'라는 말이 있지요.

아이가 개월 수에 맞게 성장하지 않으면 이 '늦되다'와 고민하시는 부모님이 많아집니다. 2, 3달이 지나고 다시 정상 발달을 하는 아이가 있는 반면 정상적인 발달을 하다가 갑자기 퇴행을 하는 아이도 있기 때문이죠.

"엄마, 엄마"하고 부르기도 하고 잘 걷고 함께 놀기도 잘했던 아이가 어느 날부터 혼자 놀기 시작합니다. 불러도 반응이 없습니다. 쫑알쫑알 옹알이와 엄마를 찾는 게 줄어듭니다.

결국 어린이집 선생님께 조심스레 "상담 한번 받아보시는 게 어떠실까요?"하는 말을 듣게 됩니다.

불안한 마음을 안고 상담을 받고 특수치료를 시작하게 되지요.

그럼 여기서 고민해 볼게요.

"센터에 다니는 것이 아이에게 효과적인가요?"
"네. 어머님 효과적이고 필수적입니다."

발달이 너무 빠르거나 너무 늦다는 것은 아이에게 문제가 생겼다는 신호예요. 물론 다른 아이들에 비해 발달이 늦는 아이들도, 빠른 아이들도 있지만 **사회적 유대관계와 상호작용을 거부하는 아이는 분명한 적신호를 보내고 있는 거예요.** 그러므로 아이에게 맞는 수업을 해서 성장을 도

167

와주어야해요.

언어치료센터는 발달아이, 자폐아이, ADHD아이 말고도 단순 언어지
연아이, 뇌병변아이, 증후군아이, 조음장애아이 등 다양한 아이들이 문
을 두드려요. 그만큼 특수치료가 이 아이들에겐 필수라는 이야기지요.

자폐 아이는 뇌는 반복된 학습을 필요로 합니다. 장기기억의 유지와
작업을 위한 중간 과정의 기억을 위해 계속 학습해 주어야 하기 때문이
지요. 그리고 그런 수업을 하는 곳이 바로 특수치료실입니다.

특수치료는 개월 수가 어리면 어릴수록 효과가 좋아요. 왜일까요?
그것은 뇌의 '골든타임'이 존재하기 때문입니다.

어릴 때 특수치료를 받고 언어뿐만 아니라 감통, 체육, 작업, 심리, 음
악, 놀이치료를 하게 되면 그만큼 또래 아이들처럼 성장 회복이 빠르게
진행되고 인지적 손상이 적습니다.

올바른 발달 시기에 성장이 이루어지지 않으면 그 기관은 퇴행하게 되
지요. 그래서 어쩔 수 없는 정서, 인지적 손상이 생깁니다. 이를 막기 위
해서 특수치료는 필수입니다.

치료 성공 사례

24개월이었던 무발화(말트임 없음) 아이가 센터를 방문한 적 있지요.
이 아이는 한 음절의 소리로 모든 것을 표현하는 아이였어요. 그리고 8
개월 만에 센터 수업을 종료하게 됩니다. 이유는 또래 아이들만큼 '말'
을 너무 잘해서였지요.

또 38개월이었던 무발화(말트임 없음) 아이가 단 3달 만에 자유롭게

말을 하게 된 경우도 있었어요.

"태훈아, 오늘 엄마랑 같이 안 왔어?"

"엄마 아가 아파서 병원 갔어. 아가 열나."

물론 태훈이는 단순 언어지연으로 언어에 대한 심리적인 부담이 강했었던 친구였지요. 그 부담감을 덜어내니 그렇게 수다쟁이가 아닐 수 없었습니다.

물론 특수 치료만이 자폐의 무조건적인 답은 아니예요. 센터를 다닌다고 해서 모든 아이에게 바로 변화가 생기는 것은 아닙니다.

일, 이년이 지나도 호흡기관과 조음기관의 감각을 스스로 잡지 못하여 계속 치료사가 도와주어야 하는 경우도 있고 아이 스스로 심한 무력감을 나타내며 수업에 대한 의욕 저하를 나타내기도 합니다. 그렇지만 치료는 유지하여야 합니다. 당장 치료를 그만두면 퇴행과 무력감의 속도는 더 빨라지지요.

고집이 더 세지고 '아 다음에도 공부하기 싫으면 이렇게 하면 되는구나.'하고 미운 꾀만 늘지요. 수업시간 내내 아이와 함께 감각을 잡아주던 치료사의 손길이 끊기면 다시 감각을 찾기란 두 배로 어렵습니다.

유튜브 영상에서도 볼 수 있습니다.
유튜버 언어치료사 slp아이해
특수치료의 종류와 선택

3. 처음 하는 특수치료,
어떤 치료부터 해야 할까요?

영화 '블랙'(2009 한국개봉, 산제이 릴라 반살리 감독, 인도)
QR코드 :뮤씨드 영화 리뷰

산제이 릴라 반살리 감독의 영화 '블랙'(2005)은 보지도, 듣지도 못하는 8살 소녀 '미셸'의 이야기입니다.

아무런 규칙과 질서도 모르는 '미셸'에게 모든 것을 포기한 부모님은 마지막 선택으로 장애아를 치료하는 '사하이' 선생님을 부르게 됩니다.

아이에게 어떤 방식으로 수업을 할 거냐는 '미셸' 아버지의 말에 '사하이' 선생님은 이렇게 대답하죠.

'이 손가락으로요. 이게 맹인의 눈이요. 농아의 목소리이며 귀 먼 사람의 시지요. 칼처럼 뽑아 들고 움켜쥐고 강해져야죠. 신을 가리킬 수도 가끔은 문을 가리킬 수도 있죠.'

'사하이' 선생님은 보지 못하고 듣지 못하는 '미셸'의 오감을 이용하여 소리와 행동 모방을 유도합니다.

'사하이' 선생님은 말을 할 때 변화하는 입술의 모습과 움직임을 느낄 수 있도록 '미셸'의 손바닥에 대고 단어를 반복해 주었으며 '물'을 느끼게 해 주기 위하여 소리 대신 손바닥에 차가운 물을 느낌을 느끼게 해주는 방법이었습니다.

'사하이' 선생님의 끝없는 노력과 믿음으로 '미셸'은 새로운 세상과 소통하게 되지요.

발달 아이는 그 아이에게 맞는 치료를 해 주어야 합니다. '사하이' 선생님이 '미셸' 만의 특별한 치료를 했던 것처럼요. 아이에게 맞는 치료를 해야 바르게 성장할 수 있어요.

특수치료 종류별 방법

언어치료, 놀이치료, 감각통합치료, 특수체육, 심리치료, 음악치료, 미술치료, 후각치료, 작업치료 등 다양한 치료가 있습니다.

언어치료

언어치료는 무발화(말트임 없음) 아이가 많이 받는 치료예요. 무발화(말트임 없음)아이는 단어를 사용할 수 있는 18개월 이후에도 언어사용이 어려운 아동입니다. 아이와 특수의 언어수업을 통해 말을 트여줍니다. 아이가 언어수업을 받으면 우선, 말을 하지 못해 주눅 들었던 아이의 모습과 행동들이 점점 자신감이 생기고 활발해집니다. 또 옹알이가 늘어나고 '나 말 잘해!' 하고 뽐내듯이 이런저런 언어 모방이 활발해집니다.

물론, 발화(말트임)가 된 아이도 언어치료를 받습니다. 그 이유는 아이의 발화(말트임)에서 운율과 음도가 기계음처럼 너무 단조롭거나 일정하기 때문입니다. 그리고 **조음장애**를 가지고

조음장애

혀짧은 소리를 내고 말소리가 정확하지 않거나 이상한 소리로 대치되는 등의 증상.(두산백과)

있는 아이는 발음 자체가 명확하지 않지요. 또 글자와 그림을 함께 수업하여 자폐 아이들이 이해하기 어려운 상황과 감정의 이해를 도와줍니다. 예를 들어 말하는 수준이 단어에 그치는 아동은 그 단어의 수를 늘려주고 속도와 운율을 확장하기 위하여 글자와 그림이 함께 있는 단어카드를 사용하여 수업합니다.

단어카드는 아동 발달 단계에서 시중에 판매되고 있는 사물, 자동차, 동물, 과일, 가족 등 여러 종류의 카드를 사용하여도 괜찮고 직접 실사를 찍어 사용하기도 합니다.

단어카드로는 먼저 '명명하기'를 학습합니다. '명명하기'가 잘 되는 아동은 여러 단어를 붙여 말하거나 연관단어를 공부합니다.

'엄마 토끼', '거실 – 소파'

단어를 학습한 후 우선으로 실생활에 많이 쓰이는 문장을 연습합니다.

'아빠, 차 타.'

'과자 접시 담아.'

그리고 자연스러운 조사의 사용, 주어, 동사, 목적어 등 사용을 활발히 하여 문장을 늘려줍니다.

'아빠가 차를 타고 회사에 갔어요.'

'누나가 식탁에서 밥을 먹어요.'

문장이 부드럽도록 접속사를 사용하고 주어를 생략하기도 합니다

'그리고 양치질을 해요.'

* 기존 언어치료법의 장단점

자폐는 역사가 짧습니다. '자폐'라는 정의를 기록한 지 150년도 채 되지 않았기 때문입니다. 그래서 자폐 아동 언어에 대한 연구는 아직 많이

부족하고 계속 발전해 나가야 하는 점이 있어요.

자폐는 '스펙트럼'이라고 하듯이 같은 기질과 특징을 가진 아동은 없습니다. 그래서 다양한 언어학습 프로그램을 개발하고 아이에게 맞는 프로그램을 진행하여야 합니다. 아동에서 한가지의 학습을 시도하고 아동의 발전과 적응력을 지켜보는 것이 좋습니다.

논문, 학문, 통계, 서술로의 언어치료법도 중요하지만, 현장에서 직접 아이들과 수업하는 임상과 다양성에 대한 기록 또한 중요한 언어치료를 위한 자료가 됩니다.

놀이치료

대상
- 혼자 놀기 좋아하는 아이
- 자폐 아이와 노는 방법을 어려워하시는 부모님
- 부모님의 개입을 무시하거나 거부하는 아이들
- 외부에 대한 단절이 심해 자신의 시각과 청각추구를 이용해 몸놀이를 하는 아이들을 위한 치료

효과 : 놀이를 통해서 마음 이론을 배우고 상황극을 통해 아이가 어떻게 행동해야 하는지를 배워나가요.

종류
- 인형놀이를 통한 상황극
- 자동차 놀이를 통한 심리파악
- 블록, 퍼즐맞추기를 통해 궁금증과 협력기르기
- 과자 나눠먹기를 통한 외부와 소통하기 등

감각통합 치료

대상 : 소, 대근육의 발달을 돕고, 상동행동이 많은 아이들을 위한 치료.

감각통합 치료의 필요성

불수의적 운동과 외계인손 증후군 증상

뇌 또는 신경학적 이상으로 인해 의도하지 않았는데 신체가 움직이는 증상.

상동(반복)행동, **불수의적 운동**, **외계인 손 증후군 증상**들은 뇌와 팔, 다리, 근육들, 신경들의 통합이 이루어지지 않아서 생겨요. 우리의 신체에는 **고유수용감각**이라는 것이 있어 신체를 사용하게 되는데, 이 감각의 통합이 이루어지지 않으면 불균형이 생겨버려요. 뇌에서 지시하지 않은 명령을 엉뚱한 신체에서 수행하고 있는 거지요.

상동행동이 고착되면 그 행동을 하는 근육과 신경이 강화가 돼요. 그래서 기간이 길어질수록 종류가 다양해지고, 아이가 커갈수록 행동반경이 커져버리지요. 통합감각치료를 하며 올바른 수행과 집중력 있는 작업을 반복하면서 통합적인 신체 활동을 끌어냅니다.

감각통합 치료의 방법

감각(청각, 전정감각, 고유수용성감각, 촉각, 시각) 등 통합하는 치료.

블록놀이, 움직이는 물건잡기, 밀고 당기기 등 감각의 협응운동부터 그네타기, 평균대운동, 정글짐 오르기, 공놀이 등 다양한 활동으로 치료한다.

특수 체육

목적 : 주로 대근육 사용을 원활하게 하기 위한 치료입니다.

종류

● 공굴리기 – 큰 공, 작은 공 굴리기, 친구와 공굴리며 주고받기

● 공 던지기 – 큰 통에 여러 종류의 공을 던져넣기

● 공차기 – 크기가 다른 여러 공을 균형을 유지하며 차기

● 정글짐 오르기 – 눈, 손, 다리를 이용하여 오르내리기

● 장애물 뛰어넘기 – 인형, 장난감으로 만든 장애물을 한발뛰기, 모둠뛰기 등으로 뛰어넘기

● 평균대를 이용하여 전정기능과 균형잡기

특수체육은 개인으로 진행하기도 하고 그룹수업으로 진행하기도 하지요. 감각통합을 위한 부분도 있지만 체육으로서의 성격이 강해요.

자폐아이들이 커가면서 신체 성장에 맞는 운동을 필요로 하지만 태권도나 합기도 등 일반 체육센터 수련의 기회는 석시요. 그래서 아이의 인지와 정서에 맞는 특수체육을 합니다.

심리 치료

대상 : 마음이 불안한 친구, 감정을 닫아버린 아이나 공격성 성향 또는 자해성이 강한 아이

불안하고 예민한 발달아이와 자폐아이는 자신의 마음을 언어사용으로 잘 표현하지 않고 스스로 표현을 어려워해요.

심리 치료 내용

자폐아이에게 이유 없는 공격과 자해는 없어요. 그 원인과 해결방법을 배우고 마음의 안정을 우선으로 하는 치료입니다.

자폐아동의 경우 언어로 자신의 마음을 표현하는데 한계가 있지요. 그래서 비장애인을 대상으로 하는 심리치료가 아동에게 적용 불가하다면 음악, 놀이, 미술을 통한 간접적인 접근방법이 더 효과적입니다.

음악 치료

대상 : 청지각이 예민하거나 둔한 아이, 심리적으로 불안한 아이

효과 : 음악을 통해 마음의 안정을 찾고 자신이 좋아하는 음악을 모방하기도 하지요.

내용 : 음악을 통해 악기를 사용하거나 계이름을 외우고 스스로 연주하는 법을 배웁니다. 음악이 가지는 힘과 기능은 인간이 가진 신체적, 심리적, 사회적인 면에서 크게 영향을 주기 때문이지요.

청지각 훈련

● 토마티스 - 다양한 음역대와 주파수를 이용한 음악치료법입니다.(다양한 음역대와 반복적인 특징을 가진 음악과 성가, 행진곡 등을 헤드셋으로 듣고 아이의 음역대와 주파수를 확장시키고, 뇌를 자극하여 뇌에서 소리와 음역대의 확장된 범위를 인식시키게 함. 난독증의 치료에도 많이 사용됨) 또, 골전도를 이용하는 방식으로 마이크로 자신의 소리를 정확하게 들을 수 있게 합니다.

● 포브레인 - 헤드셋을 끼고 하는 청지각훈련.
　소리를 듣는 방법 두가지 즉, 공기를 통한 방법(공기전도)와 뼈를 통한 방법(골전도)가 있습니다. **헤드셋을 통한 골전도 방식으로 말하기, 읽기, 쓰기 등 주의집중력을 향상시키는 치료법입니다.**

● 베라르(AIT) - 특수장치를 통해 처리된 베라르음악을 헤드폰을 통해 들으며 하는 치료입니다. 장치를 통한 음악은 큰소리, 작은소리, 고주파, 저주파 소리를 짧고, 무작위로 제공되지만 청각에 해롭지 않으며 청각 왜곡의 정상화와 청각활성화에 도움을 줍니다. 언어발달에 어려움이 있거나 청각처리능력에 어려움, 기억력과 주의집중력에 어려움이 있는 경우 사용합니다.

● **신경가소성**을 통한 뇌의 치유방법 - 다양한 주파수의 음악을 들으면서 뇌가 스스로 신경가소성을 발휘하게 되는데 이점을 이용한 것입니다.(노먼 도이지의 저서 ' 스스로 치유하는 뇌')

신경가소성
청지각 훈련을 통하여 다양한 주파수의 음악을 들음으로써 우리의 뇌는 다양한 주파수와 음역대에 대한 경험을 하게 되고 신경계의 자극과 변형으로 인하여 스스로 변화하게 된다.

미술 치료

대상 : 시각적인 인지기능이 어려운 아이를 위한 치료. 상동 행동이 많은 아이들의 감각을 키우기 위해서도 좋습니다.

색과 도형 : 미술 활동으로 아이의 인지기능을 키워줍니다.

자폐아동 중에는 같은 도형 짝맞추기와 색깔 인지를 어려워하는 아이가 많아요. 뇌 영역에서 좌뇌와 우뇌의 각 기능을 제대로 수행하지 못하기 때문이죠. 이러한 부분들을 도와줍니다.

순서와 방법

1. 폐박스를 잘라 일정한 모양을 만들고 물감을 칠해요.
2. **'빨간색 삼각형으로 해볼까'** 하면서 인지력을 길러줍니다
3. 끼울 수 있는 홈을 만들어요
4. 홈끼리 끼워보면 소근육도 좋아집니다

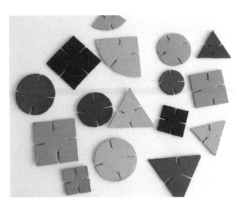

물감과 크레파스를 이용한 색칠하기

효과 : 자기 표현력과 시각적 사물 구분을 도와줍니다.

순서와 방법

1. 캔버스 위에 아이가 원하는 대로 자유롭게 물감을 짜요.

2. 스펀지 등 도구로 문질러요.

3. 비닐을 덮어서 문질러봐요.

4. 비닐을 떼어낸 후 다시 물감을 짜고 비닐로 덮어 문지르기를 여러 번 반복할 수 있어요.

5. 손가락으로 꾹꾹 눌러보기도 하는 등 다양한 방법으로 물감 촉감을 느껴봐요. 비닐을 떼어내요.

〈참고 도서 : 큐레이터 엄마와 미술놀이 즐겨요〉

– 발달에 도움이 되는 육아 미술 놀이 52가지가 수록되어 있어 집에서 따라하기 쉽다. 일상 속 작은 활동들이 모여 발달에 도움이 되는 놀이 방법도 수록되어 있다.

– 신체적으로는 소근육, 대근육의 발달을 꾀할 수 있다. 내면의 욕구를 분출하고 긴장감을 완화하는 등 스트레스 해소에 도움이 된다

–집 안에서 흔히 볼 수 있는 재료로 가능하다

아이에게 맞는 치료법 찾기

첫째, 아이가 가장 잘하는 것 재능 키우기

자폐 아이를 키우다 보면 자꾸 아이의 단점만 보이게 되지요. 그럴 때마다 아이의 장점을 생각해야 해요. 잘하는 것은 그 장점을 키워줘야 합니다.

그림을 잘 그린다면 미술치료를 통해 아이의 재능을 키워줘야 해요. 아이가 잘하는 것과 좋아하는 것을 먼저 수업해 주세요. 아이의 표정이 한층 밝아질 거예요.

둘째, 일상생활에서 가장 필요한 부분을 우선 치료하기

아이에게 필요한 수업은 참 많지요.

무발화(말트임 없음), 상동(반복)행동, 시각추구, 집중력 약화, 주의 산만, 수면 불균형, 섭식장애, 공격적 성향 등 가장 어려운 것을 정해요.

그 중 언어치료는 어릴 때부터 시작하여야 합니다.

그 이유는 아이가 자랄수록 호흡과 발성, 조음기관의 근육과 신경이 굳어버리기 때문이지요. 사용하지 않는 기관들은 발달하지 않아요.

초등학교에 들어간 후 언어치료를 하면 힘든 것을 하지 않으려는 아이의 거부가 커지고 움직이고 깨워야 하는 감각들이 너무 많아서 진도가 더뎌집니다. 아이가 언어적 의사표현이 힘들면 아프거나 힘이 들 때 부모님의 '촉'만으로 알아차리기가 힘들지요.

감각통합과 작업치료, 특수체육은 아이의 근육이 정상 발달에 미치도록 병행하는 것이 좋아요. 더불어 집중력과 주의산만도 많이 좋아지는 효과를 볼 수 있어요.

셋째, 아이의 에너지에 따라 수업량 조절하기

특수치료 시, 단 한가지의 치료만을 추천하지는 않아요. 뇌는 통합적인 기능이 크기 때문입니다. 한 영역만 성장하지 않지요.

'뇌의 가소성'은 활동하지 못하는 뇌의 한 영역을 다른 영역에서 보충해서 대신 활동해 주는 것을 의미하지

뇌 가소성

뇌세포의 일부분이 죽더라도 재활치료를 통하여 그 기능을 다른 뇌세포에서 일부 대신할 수 있게 되는 것. 특히 기억을 담당하는 부위인 해마는, 오래된 신경세포는 쇠퇴하고 새로운 신경세포가 생긴다.

요. 그러므로 한 가지의 치료보다는 아이가 피로를 느끼지 않을 만큼의 치료를 병행합니다.

● 언어가 약한 아이는 언어치료

● 상동행동이 많은 아이는 감각통합 수업

● 대소근육을 쓰기 힘들어하는 아이는 작업치료와 특수체육

● 심리적으로 예민하고 불안한 아이는 음악치료와 심리치료, 놀이치료를 선택하여 병행.

● 청지각이 예민한 친구는 음악치료 또는 청지각치료

● 시각추구과 상동이 많은 아이는 시지각 훈련

● 시지각 훈련 또한 언어, 미술, 감통, 작업, 체육 등 다양한 치료에 포함됨.

넷째, 아이와 맞는 치료센터 찾기

아이와 맞는 치료실과 치료사를 만나는 것도 중요한 일이에요. 일 년을 치료받아도 아이의 발전이 없는 수업이 있는가 하면, 단 3달을 수업받고도 눈에 띄게 좋아지는 수업이 있지요.

2~3달간 아이의 적응을 보고 치료사와 상담을 통해 우리 아이의 발달을 제대로 인식하고, 지금 해야 할 것과 앞으로의 진도 방향을 잘 계획하는 치료사라면 믿고 맡겨보셔도 좋아요. 또 무조건 아이와 놀아주는 치료사보다는 적당히 아이의 마음에 공감하며 아이에게 도움이 되는 놀이, 학습 등을 동시에 진행하는 치료사가 아이의 성장에 좋은 영향을 끼치겠지요.

다섯째, 센터와의 거리 조정하기

아무리 좋다고 소문이 난 센터라도, 거리가 너무 멀면 보호자와 아이 둘 다 이동시간에 지치기 마련이에요.

정말로 아이에게 잘 맞고 변화도 있는 센터가 만약 집에서 2시간 이상의 거리가 있다면 최장기간을 6개월에서 1년으로 잡아요. 그리고 가까운 센터에서 그 진도를 이어나간다면 훨씬 좋지요. 대신, 치료실을 옮겼을 때, 아이에게 적응시간이 아닌 퇴행의 기미가 보인다면 어쩔 수 없이 다시 아이에게 맞는 치료실에 가야 해요.

유튜브 영상에서도 볼 수 있습니다.
유튜버 언어치료사 slp아이해
특수치료, 이거 하나만 기억하세요!

가정에서의 학습

__어떤 치료실이든 가정과의 연계가 중요합니다.__
이는 아이의 '일반화'를 위한 것이지요.

아이가 언어치료실에서는 "선생님, 과자 주세요." 하고 말로 요구하던 것을 집에서는 언어 대신 **크레인현상**을 이용해 과자를 요구한다면, 이는 일반화가 되었다고 말할 수 없어요. **아이가 장소, 시간, 사물, 상대방이 누구든지 치료실에서 배운 것을 그대로 할 수 있도록 하는 것이 바로 일반화과정이기 때문이에요.**

크레인 현상
말로 하지 않고 타인의 손을 대신 이끌어 원하는 것을 얻는 언어지연 아동들의 비언어적 욕구충족 방식

치료가 끝나면 치료사와 부모님은 짧은 상담을 합니다. 아이와 어떤 수업을 했는지, 이전의 수업과는 어떤 점이 달라졌는지에 대해 상담하지요.

먼저 시범을 보여주시는 치료사도 있지만 단순히 말로 설명하는 치료사도 많아요.

__부모님이 하실 것은 당장 오늘 어떤 것을 했는지 한가지만 기억해 오시는 거예요. 그리고 그걸 집에서 두세 번 아이와 함께 해보는 거예요.__

자폐 아이는 장기기억이 힘들지요.

__그래서 반복적인 수업을 통해 단기기억을 키우고 이것을 장기기억으로 남기기 위해 수업해요.__

가정에서도 똑같아요. 언어치료에서 '과일구체 말하기'를 했다면 집

에서 "과일구체 카드말하기"를 합니다.

감각통합치료에서 '공담기'를 했다면 집에서 '블럭담기'를 합니다. 이렇게 맥락이 같은 수업을, 오늘 했던 수업만이라도 반복해서 한다면 아이의 뇌 감각과 신경은 이 행동을 기억해요. 그리고, 아이가 좋아하는 과자도 주며 칭찬을 많이 해 주어야겠지요?

자폐 아이도 유치원과 어린이집에 갑니다. 그리고 곧 학교도 가겠지요.

특수치료의 가장 큰 목적은 아이가 커가며 일상생활을 불편함 없이 잘 해가기 위함이에요. 그리고 그것은 결국 아이가 해내야 하는 과제이지요. 그러니 아이에 대한 과소평가와 과대평가는 잠시 접어두세요. 조금 느리지만 어제보단 오늘이 더 발전한 우리 아이니까요.

4. 부모로서 당장 할 수 있는 것을 가르쳐주세요

첫 수업이 시작되었습니다. 저는 아이가 좋아하는 것을 찾아가며 학습을 진행하면서 아이가 스스로 할 수 있는 것을 확인해요. 그리고 도와주어야 하는 부분들을 적어가며 아이의 현 발달상황을 기록하지요.

수업시간 종료 후 부모님과 면담이 시작됩니다. 아이에게 필요한 수업, 아이의 발달, 아이의 장점, 아이의 수업 진도 등 부모님과의 면담을 통해 추가할 것과 우선순위를 결정합니다.

개월 수가 어린 아이는 장난감을 가지고 놀다 가기도 하고 과자만 먹고 가거나 혹은 분리불안으로 인해 수업시간 내내 울다가는 아이도 있어요. 7세 이상의 아이들은 이미 발달센터를 다닌 경험이 있기에 경계심이 가득하지요. 그래서 가끔 선생님을 놀리기도 해요. 하지만 그 모습이 전부 아이의 기질이고 특징입니다. 그렇지만 부모님과 상담을 시작하면 상황은 달라지지요.

"선생님, 아까 그 소리 우리 아이 소리 맞지요?"

"우리 아이가 그렇게 큰 소리 내는 거 처음 들어봤어요."

"아까 '엄마'하는 소리를 들었는데 우리 아이였나요?"

"집에서 제가 지금 할 수 있는 방법 좀 가르쳐주세요."

사실 저는 수업을 시작하고 한두 달 간은 보호자분께 집에서 할 수 있는 수업적 조언을 하지 않습니다. 수업시간 내내 아이와 놀이처럼 수업을 하여도 결국 이것은 수업이기 때문입니다.

집에서 자신과 잘 놀아주던 엄마가 어느 날 갑자기 수업시간에 하던 걸 꺼낸다면? 아이는 거부하게 되지요. 그러면 어떻게 해야 할까요?

정답은 칭찬입니다.

첫 코칭으로 아이에게 많은 칭찬해 주세요. 아이가 할 수 있는 것 전부를 칭찬해 주세요. 밥을 잘 먹고, 잠을 잘 자고 숨을 잘 쉬는 것까지 하나하나 칭찬해주세요. 아이가 그 칭찬에 주의를 기울지 않아도 양팔과 기쁨의 표정을 이용하여 계속 칭찬하여주세요.

무발화(말트임 없음) 아이들은 자존감이 낮아요. 자신이 느린 것을 알기 때문이죠. 잘 안되서 포기한 경험도 많아요. 그래서 무조건적 칭찬이 필요합니다. 특히 자신의 '목소리'에 대한 언어 자존감이 낮아요. 실패해 본 경험이 많기 때문이에요. '내가 잘 못하는 거, 안해야지.' 하고 닫아버린 경우도 있어요. 그런 아이를 하늘 위로 띄워주세요.

아이의 작은 '아' 소리에도 반응해주시고 칭찬해 주세요. 자신감이 생겨 스스로 다양한 소리를 내게 될 거예요. 목소리도 점점 커지게 될 거예요. 소리를 내는 빈도가 늘어날 거예요.

또 아이의 모든 행동에 '실황중계'를 해 주세요. 아이가 혼자 노는 것 같지만 다 듣고 있어요.

텔레비전이나 핸드폰이 아닌 부모님의 목소리로 언어 자극을 계속 해주세요. 아이가 기억하거든요. 발화(말트임)가 되고 언어수업이 학습으로 전환이 되면 언어자극으로 받아들였던 명사와 동사들이 많은 도움이됩니다. 물론 가장 중요한 것은 아이와의 유대관계입니다.

긴장과 경계가 낮아지면 자신의 것을 보여주거든요. **아이의 자존감은 조금씩 키워주는게 특수치료를 시작하면서 가장 우선적으로 다루어져야 할 부분입니다.**

유튜브 영상에서도 볼 수 있습니다.
유튜버 언어치료사 slp아이해
무발화(말트임 없음)아동의 언어치료

5. 친구관계, 사회성을 길러주는 방법이 있을까요?

손바닥을 펴서 가르쳐 주어요

윤아의 이야기

윤아는 7살 자폐증 여자아이입니다. 호흡 조절이 약하여 숨소리가 거칠고 조음을 연습 중인 아이이지만, 애교가 많고 사람과의 애정표현을 아주 좋아하는 아이이지요.

오전에 유치원 일정이 끝나면 언어치료센터를 옵니다. 윤아의 발화(말트임) 단계가 올라가고, 대화가 조금씩 이루어지며 '회상하기, 기억하기' 연습을 하고 있습니다. 그래서 종종 윤아에게 유치원에서의 일을 묻곤 합니다.

"윤아야, 오늘 유치원에서 뭐 했어?"

"놀았어요."

"응, 유치원에서 누구랑 놀았어?"

"친구하고 놀았어요."

"응, 친구 지아, 영훈이, 혜인이하고 뭐 하고 놀았어?"

"선생님, 과자 주세요."

윤아의 대답은 항상 '친구하고 놀았어요.'입니다. 그러면 저는 윤아의 손바닥을 펴서 가르쳐 주지요.

윤아의 엄지를 접어주며, "지아랑 노래 불렀어요."

윤아의 검지를 접어주며, "영훈이랑 공놀이했어요."

윤아의 중지를 접어주며, "혜인이랑 블록 놀이를 했어요."

윤아의 약지를 접어주며, "지아랑 책 봤어요."

윤아의 소지를 접어주며, "영훈이랑 비눗방울 놀이를 했어요."

윤아가 열심히 제 이야기를 따라 하면, 저는 "재밌게 잘 놀았구나."하고 칭찬해 줍니다.

친구에게 다가가는 법을 모를 때 연습과 학습

조이 이야기

조이는 조심성 많고 수줍음도 많은 7살 발달지연 여자아이입니다. 평소 조이가 조용한 성격이라 조이의 어머니는 걱정이 많으시지요. 놀이터에서 또래 친구들과 함께 놀고, 뛰어다니는 모습을 보고 싶지만, 조이는 놀이터에서도 엄마 옆에서 떨어질 줄 몰라요.

"선생님, 조이는 친구에게 다가가는 법을 몰라요. 그저 제 옆에 붙어있으려고만 해요. 어떡하면 좋지요?"

발달 아이의 뇌 기능이 활발해지면 언어 지연에서 발화(말트임)가 되고, 학습이 가능해집니다. 언어뿐만 아니라 인지와 체육, 작업 등 다른 특수치료도 속도가 올라가지요. 아이가 한 살, 한 살 커가면서 학습뿐만 아니라 사회성 발달과 잘 놀고 어울리는 모습을 기대하게 됩니다.

여기서 기억할 점은, 느린 아이와 자폐아이의 차이점입니다.

● 느린 아이는 오래 걸려도 혼자서 친구와 놀이를 시도할 수 있어요.
● 자폐아이는 혼자서 시도하기 어렵습니다. 이것은 뇌에서 일어나는 일이기에 누군가가 시범을 보이고, 자폐아이가 모방할 수 있도록 도와주는 학습과 연습이 필요합니다.

친구를 사귀거나 사회성을 늘리는 것도 똑같아요. 방법을 학습해주고 연습해주어야 합니다. 발달 아이의 관심사는 오직 아이가 좋아하는 것뿐이고, 혼자 놀아도 행복하고 즐거워하지요. 물론 모여서 노는 다른 친구들을 보기는 하지만 같이 놀아야 한다는 필요성을 중증 자폐 아이들은 느끼지 못합니다.

간혹 상위언어를 사용하는 아스퍼거 아이는 친구를 사귀고 싶어하지만 자신이 좋아하는 주제만을 이야기하는 수다쟁이 버릇과 상대방의 마음을 잘 이해하지 못하여 안타깝게도 친구를 사귀어도 오래 같이 놀기 힘들지요.

우리 아이 사회성 기르기. 어떻게 도와주어야 할까요?

첫째, 인사하기를 습관화시켜주세요.

새로운 장소에서 누군가를 만날 때, 예를 들어 유치원에 가서 선생님을 만나거나, 친구를 만나면 자연스럽게 인사를 하지요? 하지만 발달 아이들은 먼저 인사하기 어려워해요.

"지원아, 안녕하세요"

하고 제가 먼저 인사를 하면 부모님의 도움으로 답인사가 돌아오지요.

아이의 인사성을 습관이 되게끔 키워주세요. 먼저 즐겁게 인사하면 받는 친구도 즐겁게 인사하게 되지요.

둘째, 아이를 전적으로 이해해 줄 수 있는 가족부터 시작합니다.

친언니, 친오빠, 친누나, 사촌 형, 사촌 동생 모두 좋아요. 대신 언어사용이 가능해야 하고 아이가 혼자 계속 놀려고 하거나 자신을 무시하는 행동을 해도 웃으며 계속 시도해 줄 수 있어야 합니다.

친구 만들기와 사회성을 위한 시도는 한 번의 실패로 끝나버리지 않아야 해요. 자폐 아이와 1대1로 '과자 먹여주기', '장난감 건네주기', '악수하기' 등 반복적으로 연습하고 몸의 접촉을 계속 늘려주세요.

그 감각과 경험에 예민성을 떨어뜨려 자연스러운 몸짓이 될 때까지 연습하여 1대2, 1대3으로 '과자 먹여주기', '장난감 건네주기', '악수하기'를 이어갑니다.

셋째, 다른 아이의 행동을 실황중계 해 주세요.

자기가 먹고 싶은 반찬만 먹는 우리 아이, 혼내보고 달래도 보았지만 결국 엄마가 두손 두발 다 들었지요. 그 옆에서 누나가 냠냠, 맛있게 밥을 먹어요.

"찬혁아, 소영 누나가 계란을 잘 먹네, 이번에는 미역국을 먹네. 소영 누나가 밥을 참 잘 먹는다."

아이가 반응하지 않고 자신의 밥만 먹어도 계속 누나가 하는 행동을 들려주세요. 외부장소가 아닌 내부장소에서 다른 언어 자극이 없는 상태에서 이야기 해주는 게 좋아요.

듣지 않는 것 같지만 계속 들려주면 아이의 머릿속에서 '생각'이 일어납니다.

'누나가 계란 먹어요.'
'누나가 미역국 먹어요.'

그리고 어느샌가 누나가 하는 것을 시도해 보지요.

"찬혁이도 누나 따라서 계란 먹어 보자."

아이 접시에 올려둔 계란을 요리조리 굴리다가 궁금한지 입에 쏙 넣어보는 도전을 할 수 있어요.

- 사회성 발달은 언어가 시작되며 계속 도와주어야 합니다. 상황에 따른 언어사용에 많은 도움이 되고 장소와 인물에 따라 언어도 달라지니까요.

- 사회성이 발달한 친구들은 언어를 사용할 기회가 많지요. 늦게 시작한 언어는 많이 사용해주어야 조음기관 발달이 이루어지고 긴 호흡을 통해 긴 대화도 가능해집니다.

- 아이의 사회싱 발달은 아이가 성장하며 인격에도 많은 영향을 미치게 됩니다. 청소년기가 되어서도 계속되는 사회성의 발달을 도와주면 친구 만들기, 언어적 성장, 심리적, 인지적인 면에서 계속 발전해 나갈 수 있습니다.

6. 내 아이의 다른 얼굴, 공격성과 자해

자폐증의 원인을 밝히기 위한 여러 연구가 있습니다.

그 중 유전자의 돌연변이와 환경적인 요인이 대표적인 자폐증의 원인으로 이야기되고 있습니다. 또 자폐 아이의 남아와 여아의 비율로 보자면 4:1로 여아에 비해 남아 자폐증의 보고가 많이 됩니다. 이는 유전인자인 성염색체의 연구로 이어집니다.

여자의 염색체는 xx고 남자의 염색체는 xy입니다. 유전인자는 성염색체인 X염색체에 존재하는데 여성이 가진 하나의 x염색체에 돌연변이가 생기면 다른 x로 보완이 가능하지만, 남성은 x염색체가 하나라 x에 변이가 생기면 y가 대체하지 못한다는 주장이 있습니다. 하지만 이것도 정확히 원인이라 할 수 없기에 자폐증의 원인에 대한 더 많은 연구가 필요합니다.

그리고 지금까지의 연구결과로 남아의 자폐보다 여아의 자폐가 더 깊고 그 예후도 좋지 않다는 보고결과가 있습니다. 여아는 생태학적으로 자폐가 발현되기 힘든 구조인데 만약 자폐가 발현된다면 남아보다 더 많은 유전자의 변형을 요구하기에 자폐증이 아주 경미한 경계성이거나 중증 자폐가 많다는 이야기입니다.

여자아이는 감정이 풍부하고 마음이 더 간결하며 감각에 예민합니다. 그렇기에 자폐증이나 발달 장애를 가지고 있는 경우 아이의 마음을 먼저 공감해주고 불안함을 떨어뜨리고 치료사와 아이간의 라포(교감) 형성을 우선으로 하는 것이 중요합니다.

학습의 경우 기분과 컨디션에 예민한 여아의 학습이 더 어렵고 아이에게 퇴행이 올 시 그 예후가 남아에 비해 좋지 않습니다.

강은이 치료 사례

강은이는 8살 자폐증을 가진 여자아이입니다.

신체적 나이에 비해 언어사용이 어려워 표현언어와 수용언어 모두 낮습니다. 그로 인한 원활하지 않은 의사소통으로 인해 소리를 지르거나 자해를 하고 상대방을 때리는 공격성을 종종 보입니다.

강은이가 한 살, 한 살 커가면서 강은이 어머니의 마음은 심란해져만 갑니다. 강은이의 행동이 점점 심각해져 가기 때문입니다.

학교에서 휠체어를 탄 친구를 밀어버린다거나 선생님의 노트북을 던져버리기도 했습니다. 또 다른 치료센터 선생님을 때리고 집에서는 엄마의 머리카락을 쥐어뜯기도 합니다. 제 수업에 와서도 수업 중 원하는 것을 하지 못하면 30분간 대성통곡을 하기도 하여 사람들을 당황하게 만듭니다.

이런 강은이의 행동으로 인해 곤란해하는 어머님께 "어머님, 자폐 아이에게 이유 없는 자해와 공격은 없어요."라고 저는 말씀드립니다.

강은이가 이러한 행동을 보이는 이유는 무엇일까요?

가장 큰 이유는 의사소통의 어려움입니다.

언어적 표현이 힘들어서 자신이 원하는 것과 원하지 않는 것에 대해 주장하는 방법을 어려워합니다. 그런 이유에서 사용되는 반향어로 인하여 상대방에게도 혼란을 줍니다. 그리고 어떤 상황에 어떤 것이 필요

193

한지 뇌적 훈련이 되지 않아 미리 예견하기가 어렵기에 불안함이 증폭됩니다.

좌뇌와 우뇌의 효율적 세포분열이 불균형하여 학습인지가 낮아 어려움을 느끼고 학습을 하더라도 장기기억이 어렵습니다. 또 학습한 것에 대한 **'과소일반화'**가 많이 일어나 그 의미부여가 단순하고, 스스로의 답답함이 쌓입니다.

또 사회적 표현이 어려워 몸의 감각 자체가 예민해지고 그에 대한 어떤 패턴이 나타나고 강화됩니다.

과소일반화

어떤 개념이나 단어의 뜻을 너무 좁은 범위에 대하여 일반화를 하는 현상을 말한다. 예를 들어 어린아이가 '자기 집에서 기르는 개'만을 '개'라고 생각하는 것이 과소일반화의 예이다. (네이버 교육심리학 용어사전)

- 물에 젖으면 옷 벗기
- 양말 벗기
- 촉감이 다른 옷 거부
- 머리카락 만지기
- 타인의 팔
- 손등 피부 쓸어내리기

또 그 시기에 아이의 그런 모습에 안타까워하는 보호자들과 치료사들의 배려가 또다시 강은이의 본능적인 감각만을 성장시킵니다.

예를 들어 '울면 해결된다.', '소리를 지르면 해결된다.', '울거나 때리면 해결된다.'라는 것을 아이 스스로 학습하기 시작합니다. 그렇기에 다시 또 새로운 육아방식을 필요로 하게 됩니다.

강은이에게 어떤 도움이 필요할까요?

1) 언어능력을 키워주어야 합니다.

8살의 언어를 사용하긴 힘들어도 의사소통이 가능한 48개월 이상의 언어사용을 이끌어주어 자신이 원하는 것을 스스로 표현하도록 학습하여야 합니다.

2) 공감해 주어야 합니다.

강은이는 마음이 많이 아파요. 그리고 자신의 아픈 마음을 자신도 모르고 있지요. 말이 통하지 않는 외국에 혼자 있는 이방인처럼 불안하고 힘듭니다. 그런 강은이에게 대화 대신 꼭 안아주며 토닥여주는 시간을 많이 가져야합니다.

3) 아이의 자해적 행동에 반응하지 않습니다.

자신의 머리를 세게 때리거나 손등을 깨무는 모습은 자해를 하는 아이에게 볼 수 있는 행동입니다. 그 모습에 당황하거나 손을 치료하듯 만져주면 타인의 반응하는 모습을 기대하기 위해 더 자주, 더 강한 모습으로 자해를 시도합니다.

분명한 것은 그 자해의 목표는 결코 자신의 몸을 상하게 하는 것이 아니라 상대방의 시선을 끄는 것이기 때문입니다. 과격한 모습에 반응하지 않고 양 팔을 잡아 몸을 제지합니다. 그리고 아이가 마음을 진정시킬 수 있는 시간을 가져주세요.

4) 아이의 돌발적 공격에 당하지 않고 무시합니다.

아이에게 맞아도 아프지요. 아프면 아무리 이성적인 어른이라도 화가 나고, 그로인해 감정적으로 행동하게 됩니다. 그렇기에 아이의 폭력성을 예견하는 것이 중요합니다.

아이의 표정을 잘 살피고 감정이 어떨지, 어떻게 행동할지 미리 생각해 주세요. 아이가 손을 들어 때리려 할 때 그 손에 파이팅을 한다거나 적절한 거리를 유지하여 발차기를 피하면서 아이의 시선과 관심을 다른 곳으로 돌려주세요.

아이가 상대방을 자극하려 했던 공격에 반복적으로 실패하면 '아, 때리는 걸로 다 해결되지 않는구나.'하고 포기를 하게 됩니다.

5) 아이가 자해를 하거나 폭력적 행동을 하게 되는 원인, 그리고 그것에 대한 일정한 규칙과 일관된 양육방식을 유지합니다.

가족 전체의 동의하에 아이의 변화가 보일 때까지 일정한 규칙이 시행되어야 합니다. 그래야 언어가 힘든 아이의 눈치에 혼란이 생기지 않아요.

6) 아무리 상황이 좋지 않아도 '타임아웃'은 피해 주세요.

화난 아이를 혼자 두거나 방에 들여보내고 문을 닫는 것은 배신감과 화를 더 크게 만듭니다. 차라리 화가 나서 자신의 마음을 주체하지 못하는 아이를 뒤에서 양팔로 끌어안아 스스로 진정할 때까지 시간을 주는 것이 훨씬 효과적입니다.

7) 쉬운 말로 반복적으로 강조해 줍니다.

'안돼', '하지마'라는 부정어를 계속 쓰게 되면 그 단어 자체만으로 자해를 합니다.

"때리면 안돼" 대신에 "엄마 아파, 속상해" 등 감정을 나타내는 단어나 쉬운 동사로 반복해줍니다.

8) 아이의 성장과 변화를 기다려줍니다.

학습이 어려운 아이도, 장기기억이 어려운 아이도 시간이 오래 걸릴 뿐 결국 성장하고 변화를 이룹니다. 아이를 도와줄 수 있는 보호자로서 아이 스스로 성장해 나갈 기회를 얻도록 기다려주는 인내가 필요합니다.

마음이 아픈 강은이를 위해 마음을 다뤄줄 심리치료와 의사소통을 도와줄 언어치료, 감정표현을 나타내는 미술치료를 동시에 진행하였습니다.

아주 조금씩이지만 아이에게 이미 변화는 일어나고 있어요. 그걸 믿고 조금 기다려 주세요. 아이는 꼭 해낼 겁니다.

유튜브 영상에서도 볼 수 있습니다.
유튜버 언어치료사 slp아이해
자폐,ADHD 아동의 자해

유튜브 영상에서도 볼 수 있습니다.
유튜버 언어치료사 slp이이히
자폐아동의 공격성, 폭력성

저희 아이, 이렇게 성장하고 있어요

이 글은 필자와 인연을 맺고 함께했던 학부모님과의 문답입니다.

〈숫자 척척 박사, 태경이의 이야기〉

동글동글 귀여운 얼굴에 웃으면 눈이 사라지는 태경이. 수줍음은 많지만, 애교도 많아서 저의 사랑을 독차지하던 아이였어요.

태경이는 처음부터 상호작용도 잘되고 기다릴 줄도 알았으며 언어의 수용도 높아서 제가 말하면 척척 해내곤 했지요. 퍼즐도 잘 맞췄고, 색칠도 잘했지요. 대신 언어의 표현에 있어서는 자신이 좋아하는 숫자를 읽거나 1음절의 소리로 표현하는 게 다였어요.

하지만 자신이 어떤 것을 표현하고 있는지 알았기에, 만약 이 아이가 발화(말트임)가 되어 말을 하게 된다면 그 발달 속도는 엄청날 것이라고, 수업을 처음 진행하며 혼자 생각했던 기억이 납니다. 인지적, 지적인 부족함이 거의 없었거든요.

태경이는 수업에 들어오면 달려가 숫자판을 가지고 옵니다. 아주 싱글벙글 웃으며 신나게 가지고 오지요. 자신이 좋아하는 숫자, 그리고 가장 잘하는 숫자를 선생님께 보여줄 생각만 해도 신이 나나 봐요. 숫자판의 숫자를 손으로 가리키며 하나하나 읽어갑니다.

"일! 이! 암! 아!"(일 이 삼 사)

그런 태경이를 보며 저는 아낌없는 칭찬을 합니다. 과자도 주고 머리도 쓰다듬어주고 엉덩이도 토닥토닥 칭찬을 하지요. 그리고는 태경이가 읽는 숫자에 아이가 따라 해야 할 하나씩 단어를 넣어주어요.

"일! 엄마! 이! 아빠! 삼! 가자! 사! 줘!"
"일! 엄마! 이! 아빠! 암! 아다! 다! 어!"

자기가 좋아하는 숫자와 많이 들었던, 쉽고 짧은 단어들을 용기 있게 따라 하며 즐거워하는 태경이를 보며 참 대견하고 사랑스럽다는 생각을 많이 했었지요.

이제 갓 말을 시작하였기에 발음에 대한 수업보다는 언어적 표현을 다양하게 넣어주고, 너도 할 수 있다는 자신감을 일으켜주어 스스로 좋아하는 것들을 소리로 표현하게끔 유도해 주는 것이 좋다고 생각했습니다.

숫자를 좋아하는 친구들은 알파벳도 좋아하지요. 또 글자도 좋아한답니다. 태경이는 숫자와 글자를 스스로 쓰기 시작했어요.

언어표현이 힘들자, 뇌의 학습구간들이 숫자와 글자에 집중적으로 또래 아이들에 비해 큰 발달을 이뤄낸 것이지요.

한 달 만에 명사 단어를 자발(스스로 말하기)하게 된 태경이는 스스로 자신의 이름을 쓰고 자신 있게 읽었습니다.

"김태경!"

그리고 제 이름도 적어서 자랑스럽게 보여주었습니다.

빨리 습득한 언어들은 스스로 살을 붙여 나갔고 늦게 찾아온 아이의 언어 폭발기는 '수다쟁이 김태경'을 만들었어요. 또 숫자에 대한 열정이 높았기에 바로 산수를 가르쳐 주었지요. 아이는 곧 한자리 수 덧셈을 훌륭하게 해냈어요.

그런 태경이를 보며 가족들의 불안감은 사라지며 기대감이 충족되었고 언어의 장벽에 갇혀 의기소침했던 태경이의 모습도 사라졌지요.

'단순 언어 지연'

저는 태경이같은 친구들을 이렇게 부릅니다. 발화(말트임)할 준비가 되어있지만, 스스로는 할 수 없고 그로 인해 자신감을 많이 상실한 친구들입니다. 인지적, 지적, 정서적으로 부족함이 없어야 하고 신체적으로도 이상이 없는 친구들입니다.

하지만 이 친구들도 특수치료를 통해서만 빠른 발화(말트임)가 가능해요. 일반 어린이집과 유치원에서 스스로 다른 아이들을 모방하기를 기다리면 이 골든타임도 놓쳐버리지요.

저는 태경이의 어머니께, 태경이에 대한 질문을 드렸습니다.

눈맞춤이 잘 되고 상호작용도 잘하지만 언어가 너무 늦게 트이는, 정말 '말만 늦는 아이'에 대해 많은 부모님이 고민을 하시기 때문입니다.

저자) 아이가 첫 특수 수업을 받게 된 계기는 무엇이었나요. 방문병원의 의견은 어땠나요?

태경맘) 아이가 말을 하지 않았습니다. 걱정스레 찾아간 병원에서 언어치료가 필요하다고 하여 수업을 받게 되었습니다.

저자) 몇 살 때 어떤 특수 수업(치료)부터 시작하였나요? 동시에 병행한 수업은 어떤 것이 있을까요?

태경맘) 태경이가 4살 되던 해 언어치료를 시작하였습니다. 다른 수업은 필요성을 느끼지 못하였기에 일단 언어수업만 진행하였습니다. 그리고 이명은 선생님과 언어수업을 진행하며 한 달 만에 말문이 트였습니다.

저자) 아이가 잘 성장하고 발전하게 되었던 학습이나 가정에서의 시도 혹은 특별한 취미가 있을까요?

태경맘) 수업을 받으며 스스로 한글과 숫자를 깨우쳤고, 많이 칭찬해 주었습니다. 그리고 가정에서는 태경이의 언어향상을 위해 대화 시도를 많이 하였습니다.

저자) 아이를 양육하여 세웠던 기준이나 혹은 믿었던 아이만의 가능성은 어떤 것이었나요?

태경맘) 아이가 흥미있어 하는 분야 위주로 체험을 많이 시켜주고 싶었습니다. 자기가 좋아하는 것을 하면 발달이 더 빨랐고 집중력도 오래 지속되었습니다.

태경이의 작품

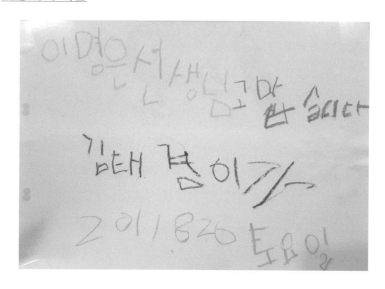

6장
특별한 아이들을 위한
언어치료사의 한마디

1. 엄마가 꼭 기억해야 할 우리 아이 자존감을 키우는 대화 10가지

"선생님, 우리아이는 언제쯤 좋아질까요?"

걱정이 많으신 부모님은, 상담시간에 이렇게 속상한 마음을 털어놓으시기도 합니다. 하지만 옆에서 아이가 놀고 있는 경우, 저는 일부러 큰 소리로 말씀드리지요

"어머님~ 지금 우리 주희 아주 잘하고 있어요!"

자폐 아이는 주로 혼자서 놀지요. 한정된 관심사 중 자신의 좋아하는 것을 남과 어울리지 않고 자신의 방법으로 노는 것을 좋아해요. 엄마랑 같이 놀자고 하면 도망가 버리고, 엄마의 마음을 아는지 모르는지 질문에는 집중해 주지 않고 딴 곳만 쳐다봐요. 그래서 간혹 당신의 아이가 내 말을 듣지 않고 있다고 생각할 수도 있어요.

<u>아이 혼자서 노는 것 같지만 사실은, 아이는 다 듣고 있어요. 엄마가 혼자서 푸념으로 하는 말도, 사람들과 자신의 특별함에 대해서 이야기하는 것도, 동생을 안아주며 같이 대화하는 것까지 다 듣고 있어요.</u>

좋은 이야기에는 아이도 덩달아 기분이 좋아지지만, 걱정스러운 말투와 고민들은 아이를 불안하게 만들지요.

수용언어가 낮아도 엄마 억양의 고조, 표정, 그리고 몸짓으로 자폐 아이들은 엄마의 마음을 느낍니다. 자폐 아이와 ADHD, 발달장애 아이의 경우 겉으로 표현하지 않지만 사랑받고 싶어하고 그것을 확인하고 싶어하지요.

하지만 사랑을 표현하는 방법을 모르는 아이는 겉으로 드러나지 않는 방법으로 시도하다가, 이내 마음을 닫아버리기도 합니다. 결국 아이는 사람과의 교류를 피하며 혼자 놀기에 더 집중하지요. 그리고는 배가 고프거나 무엇이 필요할 때 도와줄 사람으로 부모님을 찾습니다.

그러면, 우리 아이에게는 어떤 말을 해 주어야 할까요? 반드시 아이에게 해야 할, 그리고 계속 해 주어야 하는 말에는 어떤 것들이 있을까요? 어떤 말들이 우리 아이의 자존감을 키워줄까요?

한 가지, "잘했어!"

잘했다는 말은 누구든 좋아하는 단어랍니다. 아이에게 하루 10번 칭찬을 해 주세요. 곰곰이 생각해 보면, 아이에게 칭찬을 많이 하지 않았구나, 하는 마음이 들어요.

우리의 기준이 너무 높았던 것이지요. 아이는 뭐든 잘합니다. 밥도 잘 먹고 신발도 잘 신고 잠도 잘 잡니다. 눈 두 개, 코 하나, 입 하나, 귀 두 개 아주 잘했지요. 하루 10번씩 사소한 것이라도 칭찬해 주세요. 소심했던 우리 아이가 하나, 둘씩 마음을 열 거예요.

두 가지, "응, 속상했지?"

아이와 공감대를 형성해 주세요. 많은 부모님께서 착각하는 부분입니다. '저는 잘 공감해요!' 하시는 부모님 대부분이 아이의 감정이 아닌 상황에 대한 공감이지요.

"어, 과자가 떨어졌네? 버려, 괜찮아." 대신에
"어? 과자가 떨어졌네? 정언이 많이 속상했겠다. 응, 속상했지?"

자폐 아이에게는 상황과 감정을 연결해 주는 것이 중요해요. '과자를 떨어뜨리면 내 마음이 울렁울렁해져, 이게 속상한 거구나' 하고 감정을 읽고 표현하는 방법, 부모님이 내 마음을 알아준다는 믿음을 주세요.

세 가지, "다시"의 금지

자폐아이가 스스로 말을 하거나, 학습적으로 발전된 모습을 보일 때, 너무 기쁜 나머지 이런 말을 하며 하며 반복적으로 아이에게 요구하는 상황이 되지요.

"또, 해봐!", "다시 해봐!", "한 번만 아빠한테 보여주자, 응?"

아이가 그 부분을 완전히 습득한 경우엔 가능하지만 자신도 모르게 문득 나온 것이라면 어떻게 했었는지 기억이 잘 안나요. 그러니 아이가 스스로 말하는 상황이 계속 나오게끔 유도해 주시고, 칭찬으로 보답해 주시는 게 더 좋아요.

만약 '다시'에 무반응하는 우리 아이, 그런 아이의 반응에 부모님이 실망한다면? 아이는 더욱 자존감이 낮아져 앞으로 아무것도 하지 않으려 할 거예요. 아이도 실패는 두렵거든요.

네 가지, "할 수 있잖아."의 금지

아이의 퇴행은 원인을 찾기 힘들지요.

분명 어릴 때 "엄마, 아빠"를 하며 언어적 모방을 하던 아이인데 지금은 무발화(말트임 없음) 상태인 경우, '퇴행'이 왔다고 해요.

퇴행은 원인을 모르는 만큼 다시 그 행동을 하게끔 하는 속도와 방법이 오래 걸리기도 합니다. 왜냐하면 또 퇴행이 진행될 가능성이 있기 때문입니다. 그러니, "할 수 있잖아", "너, 전에 했었잖아."라는 말은 아이의 마음을 속상하게 해요. **잘해도, 못해도, 내일을 더 좋을 거란 생각으로 "잘했어" 일관되게 칭찬해 주세요**

다섯 가지, "밥 잘 먹네!"

식사시간이 되면 집은 전쟁이지요. 편식을 하는 아이를 굶겨도 보고, 아이 앞에서 먹는 모습을 보여주기도 하고, 결국은 아이를 따라다니며 입안에 숟가락을 밀어 넣기도 합니다. 부모님의 걱정을 커져만 갑니다. 아이가 밥을 잘 먹으려면 어떻게 해야 할까요?

먼저 식사시간을 즐겁게 만들어 주세요. 아이가 밥을 잘 안 먹어도,

"우리 아가 밥 잘 먹네."

하고 웃으며 칭찬해 주세요. 식사시간만 되면 굳어지는 부모님의 표정과 긴장되고 강요된 식사시간은 아이의 섭식에 대한 경계와 음식에 대한 흥미를 꺼버리게 됩니다.

편안하고 즐거운 분위기로 아이가 밥상 위를 탐색할 시간을 주세요. 음식에 익숙해 질 시간을 주는 거지요. 그리고 반찬의 종류가 자주 바뀌는 것은 지양합니다. 한가지, 아이가 한 두 살 커가며 조금씩 자연스럽게 편식도 줄어든답니다!

여섯 가지, "말 잘한다!"

"멍멍, 강아지"

"머머, 아-디!"

"우리 민정이 '멍멍, 강아지' 말도 잘하네!"

아이에게 무슨 말을 잘했는지 자세하고 세밀하게 칭찬해 주세요. 발음이 좋지 않은 아이도 그 말을 반복해주며 칭찬해 주세요. 무엇을 잘 말했는지 아이가 어떤 뜻의 말을 따라 했는지 다시 한번 강조해 주세요. 아이가 부모님의 칭찬과 행복한 표정을 보며 자신의 발화(말트임)를 자랑스러워하기 시작합니다.

일곱 가지, "씩씩해"

자폐 아이도 매일 가는 수업이 항상 즐겁지만은 않아요. 그날의 컨디션에 따라서 쉬고 싶기도 하고, 기분이 축 쳐지는 날도 많지요.

선생님께 수업의 진도를 천천히 부탁하더라도 치료실 안에서 선생님과 시간을 보내는 것이 중요합니다.

센터에 들어서자마자 우는 아이, 수업시간에는 잘하다가 수업 후, 문이 열리자 부모님을 보고 또 우는 아이, 그런 우리 아이에게 해줄 말은 **"고생했어"가 아닌 "씩씩하게 잘했어!"입니다.**

한국말은 참 이상합니다. 잘 한 것을 왜 고생했다고 하나요?

씩씩히게 잘한 거예요. 고생한 것이 아니지요. 공부하느라 애쓴 아이가 안쓰러운 부모님의 마음은 뒤로 하고 응원하는 모습을 보여주세요. 아이 스스로 자신이 해냈다는 것을 알게 됩니다. 자연스럽게 아이의 울음도 줄어들게 됩니다.

여덟 가지, "같이 하자"

"엄마가 도와줄게" "엄마한테 '도와주세요' 해야지"

이렇게 도움을 주는 것이 항상 좋은 것은 아닙니다. 언제까지 도와줄 건가요? <u>자폐 아이도 자기 혼자 해 보고 싶을 때가 있어요. 장난감을 치우거나 하기 싫은 것도 '도와줄게'가 아닌 '같이 하자'로 해 주세요.</u>

도움을 받아야 하는 존재에서 같이 할 수 있는 존재로 커가는 거예요. 같이 장난감을 정리한 뒤 **"같이 잘 정리했어, 혼자서도 잘하네!"** 하고 아이를 칭찬해 주세요. 언어의 선택이 아이를 성장시킵니다.

아홉 가지, "속상하지? 그래도 안되는 건 안되는거야."

발달 아이와 함께하는 하루 중 '응, 괜찮아'와 '안돼' 중 어떤 단어를 많이 쓸까요?

'안돼'라는 단어가 훨씬 많지요. 아이의 안전과 사회적 규칙 때문에 집이 아닌 공공장소에서는 어쩔수 없이 '안돼'를 많이 사용하게 됩니다. 하지만 반복적으로 아이에게 말하다 보면 자신이 너무 안된다고만 하는 부정적 엄마가 되어가는 것 같아 속상할 때가 있어요.

그럴 땐 기준이 필요하지요.

저의 기준은 '도덕적으로 어긋나거나 아이 혹은 타인의 신변에 위험을 느낄 정도가 아니면 허용해주기'입니다.

● 공공장소에서 뛰며 소리를 지르는 것은 타인과 함께하는 장소, 즉 도덕적으로 어긋나기에 안 됩니다.

● 놀이터에서 뛰어다니는 것은 아이가 넘어지지 않는 것에 주의하며 허용해 주어야 해요.

아이의 놀이를 응원해주세요. 아이가 뛰어도 되는 장소와 뛰지 말아야 하는 장소를 구분할 수 있도록 오랜시간 같이 연습해주시는 거예요.
단 일관성 있게 해야 합니다. 어제는 허용해 주고 오늘은 안되는 일이면, 아이는 혼란에 빠져요. 부모님 두 분께서 상의하셔서 되는 것과 안되는 것의 기준을 정하시고, 육아를 맡는 사람이 바뀌어도 계속 유지될 수 있도록 신경 써 주세요. 아이가 '안된다.'를 받아들이고 수긍하기 시작합니다.

마지막 열 가지, "사랑해. 넌 소중해"

우리 아이에 대한 마음을 말로, 몸으로 표현해 주세요. 아이가 커 갈수록 '보고 싶었어.', '사랑해', '예쁘다', '넌 소중해' ,'잘했어', '멋있어' 하고 말로 표현하는 것이 줄어들게 되지요. 부모님도 익숙해지기 때문입니다. 아이가 듣지 않는 것 같아도 그 어감과 온도와 따스함은 기억해 냅니다. 그러니 말로 계속 표현해 주세요.
매일 사랑한다 말해주시고 포근하게 안아주세요. 아이도 당신을 온 몸으로 안아주는 날이 올 거예요.

자존감대화10가지

유튜브 영상에서도 볼 수 있습니다.
유튜버 언어치료사 slp아이해
'아동의 자존감을 키우는 대화 10가지'

2. 발달, 자폐, ADHD 아이들을 위한 특별한 성교육

우리 아이들에게 바르고 건강한 성교육과 성문화를 가르치기 위해서는 마주 앉아 제대로 된 교육이 절대적으로 필요합니다. 특히 발달 아이들에게는 더 중요하지요. 그리고 그것은 누구보다 가까운 어른인, 동성 부모님이 해주는 것이 아이들에게 가장 안정적이고 이상적으로 받아들일 수 있습니다.

자폐증이 있는 우리 아이가 바르고 올바른 성을 알기 위해서는 어떻게 해야 할까요? 그것 또한 다른 규칙들과 마찬가지로 제대로 가르쳐주고 학습해 주어야 합니다.

치료센터에서 발달 아이를 수업하다 보면, 자연스럽게 자신의 성기를 만지거나 건드리는 아이들을 볼 수 있습니다. 물론 수업 중에는 아이의 관심사를 다른 곳으로 옮겨 주지만 부모님과의 상담에서 아이가 심심하거나 틈만 나면 자신의 '소중이'를 만지는 습관이 있다는 것을 알게 됩니다.

"선생님, 우리 아이가 자위를 하는 것 같아요."

"어머님, 아이가 자꾸 고추를 만져서 걱정이 많으시지요. 아이가 성적인 추구 때문에 성기를 만지는 것이 아니라 감각적 자극 때문에 만지는 것이 커요. 그렇지만 사람들이 많은 장소에서 고추를 만진다거나 깨끗하지 못한 손으로 만지면 아이가 심리적으로, 건강적인 면에서 좋지 않겠지요? 그렇다면 아이에게 제대로 가르쳐 주는 것이 중요해요."

아이의 나이가 '성기기'(사춘기 이후)에 도달하지 않은 유아들은 '남근기'(3세~5, 6세경) 시기에 자신의 성기를 만지며 노는 것을 볼 수 있어요. 이것은 지극히 자연스러운 발달과정 중 하나이지만 위의 이야기처럼, 장소를 가리지 않는다거나 위생적이지 않는다면 좋지않는 결과가 생기겠지요.

발달 아이는 지속적인 학습이 필요합니다.

반복적으로 계속 가르쳐주어야 하고 확인하여야 합니다. 하지만 복잡하고 어려운 표현들은 아이에게 혼란스러움을 주기에 짧지만 바른 표현으로 말해야 합니다.

"고추 만지면 아파. 팬티 속은 소중해."
"고추는 아무나 보여주면 안돼."
"다른 아이에게 고추 보여달라고 하면 안돼."
"예쁘다고 해서 친구를 함부로 만지면 안돼."
"친구가 '싫어'라고 하면 절대로 쓰다듬으면 안돼."

동성의 부모님이 아이에게 직접 생식기와 중요 부위의 명칭을 가르쳐주고 성기를 청결히 하고 속옷을 입어 보호해야 하는 이유를 설명해 주는 것이 좋습니다.

2차 성징이 나타나면 가슴이 커지는 것, 음모가 생기는 것, 남아의 경우 사정과 몽정을 하는 것, 여아의 경우 월경이 시작되는 것을 가르쳐주고 어떻게 해야 하는지에 대해 미리, 쉽지만, 바르게, 빈복직으로 남, 녀의 차이점을 알려주는 것이 좋습니다.

혼자서 하는 자위의 경우, 미리 가르쳐주어야 할 것이 있습니다.

1. '어떠한 장소에서' 즉, 혼자 있는 자신의 방에서, '들어오지 마세요', '혼자 있고 싶어요.' 등 자신의 의사 표현하기.

2. '어떻게 해야 하는지' 스스로 이상하다거나 불결하게 생각하지 않고, 건강하고 자연스럽게 진행하기.

3. '준비물이나 처리방법' 청결과 위생적인 부분을 위하여 준비하기.

실제로 장애인 시설 내에 '자위방'을 만들어 욕구를 해소하는 사례도 있는 것처럼, 마음의 안정을 위해 혼자 행동할 때에는 남 앞에서 노골적으로 드러내지 않는, 타인에 대한 배려와 서로 불쾌하고 민망한 상황을 만들지 않기 위해 노력해야 한다는 점을 가르쳐주어야 합니다. 또 자신의 상태를 표현하는 언어를 가르쳐 상황에 맞게 사용할 수 있도록 반복 학습하고, 경험하면서 성장기의 자조활동을 늘려 줍니다. 이로써 발달장애인 본인과 가족의 삶의 질을 개선해 나갑니다.

보호자의 입장에서 "안돼, 하지마." 하는 무조건 반대나 "아무것도 아니야." 하는 무관심한 태도는 아이를 혼란스럽게 하고 불안하게 합니다.

성이라는 것은 지극히 자연스러운 것이라는 것, 바르게 알고 제대로 가르치면, 또 반복해서 학습한 건강한 성교육은 우리 아이를 한 걸음 더 성장하게 해 줍니다.

생식기를 만지는 아이

유튜브 영상에서도 볼 수 있습니다.
유튜버 언어치료사 slp아이해
'성기를 만지는 아이'

3. 특수아이 부모의 유형 나누기

수업이 끝나면 부모님과의 상담이 시작됩니다. 아이의 어머님께서 수첩을 꺼내시며 이런저런 질문을 하십니다. 저는 대답해 드리고, 집에서 하면 좋을 여러 가지 학습방법을 가르쳐 드리지요. 그리고 오늘 했던 수업 중 아이가 힘들어 한 부분을 말씀드리며 집에서 함께 연습해달라고 부탁드립니다.

열심히 수첩에 적으시던 어머니, 하지만 다음 수업시간이 되어도 아이의 모습은 그대로입니다. 집에서 연습했더라면, 조금이라도 다른 모습을 보였겠지요. 저는 가볍게 어머니께 질문합니다.

"어머님, 혹시 제가 저번 상담 때 말씀드린 학습, 집에서 해보셨을까요?"

이런 경우 '해봤는데, 저랑은 잘 안돼요.'와 '죄송해요, 선생님, 제가 깜빡했어요.' 로 대답이 돌아옵니다. 수첩에 열심히 적던 모습과는 열정이 사뭇 다르지요.

발달 아이를 자녀로 둔 부모님의 양육 방식은 여러 가지입니다. 그리고 시기마다 부모님이 느끼는 마음도 다 다르지요.

시작은 이렇습니다.
어느 날, 우리 아이가 다른 아이와는 다르다는 것을 느끼게 됩니다.
'에이, 아닐 거야.' 하는 마음으로 지켜보다 결국 병원을 찾게 됩니다.
아이의 자폐 소견을 받고 부모님은 절망하게 됩니다.
처음에는 자녀의 장애를 부정합니다.

그래서 여러 병원과 센터를 돌아다니며 상담을 받아보지요. '자폐'라는 확답보다는 정상 아이에 비해 발달이 느리고 자폐의 경계선을 가지고 있다는 결과를 한결같이 듣게 되지요.

부정 다음에는 무너지는 시기입니다.

좌절하지요. 부모님도 느끼고 있던 아이의 특이함이 결국 자폐였다는 것을 알게 되었으니까요. 그리고 우울증과 원인을 찾기 시작합니다. 부부간의 다툼이 잦아지기도 합니다. 누구의 잘못도, 선택도 아닌데도 너무 속상하고 힘들기 때문입니다. 앞으로의 일들이, 미래가 막막하기만 합니다.

무너지는 시기가 지나면 인정하는 시기가 옵니다.

아이의 자폐를 인정하고 정보를 알아가며 아이에게 맞는 교육을 찾기 시작합니다. 어린이집 수업을 마치면 센터를 다니며 아이의 발달을 위한 수업을 시작하게 됩니다. 이 시기가 되면 부모님의 자폐 아이 육아 방식이 나눠집니다.

방관형, 밀착형, 적절한 거리두기형, 그림자 형 등 여러 종류의 모습이 나타나고 중복되기도 하지요.

방관형

아이의 발달을 센터에 일임하는 경우입니다. 여러 센터를 다니며 그 안에서의 교육만으로 아이의 변화를 기대하기도 합니다. 집에서의 교육을 시도해 보았지만 잘 안되었던 경우에도 발달센터를 많이 의지하게 되지요.

밀착형

아이의 옆에서 떨어지지 않습니다. 하나부터 열까지 학습으로 아이를 대합니다. 밥 한 번, 간식 한 번, 아이에게 학습으로 연결되지요. 그런 반복된 훈련이 우리 아이를 빠르게 성장시킬 거라 믿습니다. 더 좋은 치료를 받기 위해 수업을 늘리는 것도 당연해지게 됩니다.

적절한 거리두기형

아이가 학교를 가거나 수업에 들어가면 보호자는 잠깐의 숨돌리는 시간을 가집니다.

아이와 가사와 가정을 위한 생각을 정리하는 시간을 가지기도 하고 지인을 만나기도 하고 취미생활도 하며 아이의 시간과 자신의 시간을 구분합니다. 보호자의 마음에 여유와 아이의 시간을 각자 존중합니다. 그렇게 각자 '견디고 힐링하는' 시간을 갖습니다.

장애아이를 가진 집에서는 다양한 양육방식을 가지게 됩니다. 어떠한 방식이 답이 되거나 비난을 받진 못합니다. 가정마다 발달아이의 장애를 마주하는 방법은 다 다르기 때문입니다.

4. 특수아이 부모의 이상적인 유형

가장 이상적인 부모의 모습은 무엇일까요?

나와 내 가족, 그리고 발달 자녀의 삶. 그 속에서 나는 어떤 부모의 모습일 때 가장 현명하고 안정적인 유지가 가능할까요?

첫째, 긍정적인 마인드를 가집니다

장애는 누구의 잘못도 아닌 일이예요. 반성하고 속상해하고 안쓰러운 마음으로 자신을 괴롭히지 마세요.

'우리 아이가 언제쯤 성장할까.'

'우리 아이는 매일 성장하고 있구나!'

긍정적인 마인드는 일상에서 우리에게 사소한 행복을 가져다줍니다. 그리고 그 힘은 내 주변의 다른 사람도 행복하게 만듭니다.

둘째, 자녀의 자폐 현실을 받아들이고 자녀를 위해 공부합니다

자폐라는 것은 원인을 모르지요. 뇌와 호르몬의 이상으로 인해 생긴 이 증후군은 스펙트럼 즉, 아이마다 행동과 특징이 다양하고 정도가 달라서 예민한 부분과 둔한 감각을 찾아야 합니다. 아이가 청지각적, 촉각적, 시각적 혹은 감각적으로 예민한 부분은 조심스럽게 시간을 들여 접근하되, 둔한 감각은 직면하기 또는 스트레칭, 마사지를 통해 그 부분을 활성화할 수 있도록 도와주어야 합니다.

내 아이에게 맞춤, 그 특별한 학습과 규칙을 세우기 위해서는 자폐에 대한 인정과 자폐, 발달 아이에 대한 공부가 꼭 필요합니다.

셋째, 똑같은 마음으로 육아하여 주세요

아이의 고집과 꾀, 떼씀은 그 나이대에 가지는 아주 자연스러운 마음이에요. 성장기의 아이는 기다리는 법, 타인에 대한 배려, 상황에 맞는 예절, 양보하기 등 많은 것을 아이의 언어로 천천히, 반복하여 가르쳐주어야 합니다. 그것에 대한 학습과 소비되는 시간이 우리 아이가 장애가 있기 때문이라고 생각하지 말아 주세요.

넷째, 엄마의 도전, 아빠의 도전, 가족의 도전, 발달 아이의 도전을 멈추지 마세요

대근육이 좋지 않은 아이는 스스로 계단 오르기, 제자리 뛰기가 쉽지 않아요. 또 감각이 둔한 아이들은 기저귀 떼기, 조음 발달과 침 조절이 어렵지요. 아이가 도전을 힘들어하면 잠시 쉬어가더라도, '우리 아이에게 이것은 힘들어요.'라는 한계를 만들지 마세요.

다섯째, 체크리스트를 만들어주세요.

과거의 아이 발달상태를 정도와 날짜로 체크하고. 현 발달상태와 구분지어 주세요. 지금 아이가 할 수 있는 것과 하기 힘든 것, 그리고 미래에 아이의 학습 또는 방향성을 미리 고민해주세요.

아이는 빨리 큽니다. 금방 어린이집에 들어가고 학교를 가고 성인이 되지요. 그렇기에 '계획'은, 그리고 그 '기록'은 과거를 돌아보기 위해서도, 미래를 생각하기 위해서도 꼭 필요합니다.

호명 반응, 감각 활동, 언어 활동, 행동 모방, 대·소근육 사용, 인지(가족, 동물, 과일, 탈것, 장소, 숫자, 색깔, 도형) 등 각 항목을 엑셀을 이용하여 표로 나누고 날짜와 아이의 변화를 기록하여주세요.

분류	문항	날짜	변화
청각반응	호명반응	23/9/20	뒤돌아봄
		23/9/28	뒤돌아보지 않고 '아' 소리 냄
시각반응	눈길추적		
	눈맞춤		
요구하기	포인팅		
	눈으로 요구		
	'주세요' 사용		
감각	피리불기		
	초불기		
	비누방울불기		
	혀움직이기		
행동	상동행동		
	상동소리		
	지시따르기		
	지시수행		
	착석		
소리	옹알이소리		
	모음소리		
	자음소리		
	진성		
	가성		
고유수용감각	신체포인팅		
	상대방 신체포인팅		
행동모방	행동		
소리모방	소리		
대근육	계단오르기		
	두발점프		
	한발점프		
소근육	손가락 숫자세기		
	포크사용		
	숟가락사용		
	지퍼올리기		
	단추끼우기		
학습인지	자신		
	가족		
	사물		
	동물		
	과일		
	장소		
	탈것		
	색깔		
	숫자		
	도형		
	글자		
	방향		
	소유격		
	날씨		

아동 변화 체크리스트

예를 들어 스스로 공 던지기가 되지 않았던 아이라면 날짜와 상세한 내용을 적어두어 아이가 느꼈을 성취감을 기록합니다.

 - 2023년 7월 1일 엄마와 아빠의 도움으로 2번 성공,
 - 2023년 7월 15일 스스로 시도하는 모습, 엄마와 아빠의 도움으로 5번 성공,
 - 2023년 7월 30일 스스로 한번 성공, 엄마와 아빠의 도움으로 10번 성공,
 - 2023년 8월 15일 스스로 5번 성공

만약 퇴행이 와서 다시 공던지기가 힘들어져도 이 기록을 보며 '어떻게 우리 아이가 성공했었지?' 하고 똑같은 루틴으로 다시 연습할 수 있습니다.

여섯 째, 가족과의 협력과 응원, 그리고 역할 분담해 주세요.

우리 엄마는, 양육자는, 당신은 원더우먼, 슈퍼맨이 아니에요. 기쁘고 슬프고 힘든 감정이 있고, 지치기도 하고 어떤 날에는 내려놓고 무작정 쉬고 싶기도 하지요. 그럴 때 가족의 협력이 꼭 필요합니다.

가족의 따뜻한 응원, 아이의 형제, 자매들의 놀이 시간들로 주 양육자 분을 쉬게 해 주세요. 재충전은 더 큰 효과를 가지고 오기에 훨씬 시너지가 큽니다.

일곱 째, 장애에 대한 사회적 시선에 강해질 수 있는 마음이 필요합니다.

제가 좋아하는 베르나르 베르베르의 소설에는 이런 글귀가 나옵니다.

'사랑을 검으로 삼고 유머를 방패로 삼으라.'

많은 어려움 중 큰 어려움은 타인의 시선입니다. 인간은 사회적 동물이기 때문에 타인을 인식할 수 밖에 없지요. 그렇기에 느끼는 감정들은 하루에도 수백 가지입니다.

공공시설에서의 아이의 돌발행동으로 인하여 남 앞에서 부끄러웠더라도, 조금 미숙한 우리 아이를 이상한 눈으로 보는 다른 사람들이 밉고 화가 나더라도, 그것을 딛고 일어설 강한 마음과 시원하게 흘려보낼 유머를 키워 주세요.

아이는 항상 행복합니다. 어머님도, 아버님도 강한 마음으로 행복하게 아이를 양육해 주세요. 단, 모든 것을 바꿀 필요는 없습니다. 나는 나다울 때가 가장 행복하지요. 그리고 그것은 당신의 아이도 알고 당신 본인이 가장 잘 알고 있습니다.

오늘도 잘하셨습니다!

5. 특수아이를 양육하는 어머니들을 위한 따뜻한 메시지

제가 근무하는 언어치료센터에는 발달 아이, 자폐 스펙트럼 아이, ADHD 아이 외에도 많은 아이들이 옵니다. 다양한 증후군을 가진 아이와 뇌병변이 있는 아이들도 이곳에서 수업을 합니다.

하렴이는 뇌병변을 가진 아이입니다. 하렴이는 또래 아이들보다 키가 크지만 양팔과 두 다리는 말라서 걸을 때 움직임에 흔들림이 많습니다. 또 전체적인 몸의 근육들이 이완이 된 상태라 자세를 잡고 앉거나 서서 한 자세를 유지하기 힘듭니다.

그리고 표현언어에 비해 수용언어가 높아서 인지도 높지만 자신의 몸을 제어하기 힘들어 삐뚤어진 자존심이 센 아이였어요. 하지만 수업을 진행하면서 언어적, 육체적 발전이 있었고 자발(스스로 말함)도 많이 늘며 웃음을 키워간 아이입니다.

하렴이의 수업을 진행한 지 두 달 정도 되었을 때였어요. 수업을 종료 후 어머님과의 상담을 위해 치료실 문을 여니, 두 눈이 빨게진 어머님이 서 계셨지요.

"어머님, 무슨 일 있으세요?"

어머님은 지인과 통화를 하며 하렴이에 대해 이야기를 했다고 하셨습니다. 자신은 하렴이의 장애를 다 받아들이고 가족과 함께 노력하고 있는데, 가끔 이렇게 주변의 시선들이 자신의 마음을 힘들게 한다셨어요. 그런 어머님을 보며 저도 눈가에 눈물이 맺혔습니다. 천 마디의 위로가 제 머릿속을 지나갔지만 하렴이를 사랑하는 마음에서 나오는 그 안쓰러움은 감추기 힘들었기 때문입니다.

발달 아이를 가진 부모님은 단단해지기 위해 노력하지요. 아이를 가르치고, 아이에게 시도하고, 아이를 먹이기 위해 방법을 찾고, 아이와 놀아주기 위해 노력합니다. 아이를 위해 단호해지고, 칭찬해 주고, 사랑으로 맞이하되, 한걸음 먼저 나가서 아이를 끌어주기 위해 단단해져야 합니다. 그에 맞춰 아이도 변화하고 커가지만, 우리가 아는 비장애인 아이의 발달 시기와 달리 많이 뒤처지는 것은 사실입니다.

물론 아이의 변화를 보면 힘이 납니다. 사랑하는 내 아이의 웃음과 애교를 보며 가라앉던 마음을 다잡고 또 내일을 기대하지요.

'신은 견딜 수 있는 시련만 주신다'라는 말이 있듯이 오늘 또 받아드리고 웃어보지요. 하지만 그 마음들이 아픈 것은 감출 수가 없습니다.

장애가 있는 가정의 가족 우울증과 스트레스는 그 고저를 말하기 힘듭니다. 장애란 평생 그 가정의 관심과 특별함을 가지게 하는 요소거든요. 저는 지친 어머님께 '한 숨 쉬어가시라' 말씀드려요.

장애아이의 학습은 평생입니다. 장거리의 달리기와 같지요. 너무 큰 기준은 실망을 가져오고 느린 발달 속도는 기다림에 지치게 합니다. 그러니 오늘 잠깐 한 숨, 내일 잠깐 한 숨 쉬어가세요.

어머니의 휴식이 다시 에너지를 낼 힘이 됩니다.

온몸의 감각과 생각이 아이에게 향해 있던 것을 한 숨, 내려놓기 하세요. 그리고 많이 지친 자신을 돌봐주세요.

아이를 사랑하는 만큼 어머님, 아버님, 당신도 자신을 사랑해주세요. 가슴 속에서 숨어있던 어떤 것들에 대한 죄책감, 공포심, 무력함, 속상함을 직면하시고 '그래도 괜찮아', '잘하고 있어' 하고 다독여주세요.

'내가 임신 중 스트레스를 많이 받았을까?',

'임신 초기 때 모르고 먹은 약의 영향일까?',

'먼 친척이 가진 말더듬처럼 우리 아이의 장애가 유전일까?',

'아이가 어릴 때 육아를 방임했었나?'

혹은 '이 수업이 우리 아이에게 맞을까?'

'남들 다 하는데 우리 아이만 안하면 나중에 후회하지 않을까?'

'어떤 수업이든 다 해주고 싶은 나의 욕심일까?'

'수업 때문에 아이가 힘들어하는데, 이게 나의 욕심은 아닐까?' 등 질책하고 불안한 질문들은 종이처럼 구겨서 던져버려도 좋아요.

힘내세요. 어머님, 아버님. 내려놓고 자신을 다독여 사랑해주세요.

그리고 다시 일어나 우리 아이들에게 걸어가 주세요. 아이들이 표현하지 못했던 불안한 마음들을 안아 줄 사람은 바로 부모님뿐입니다.

저희 아이, 이렇게 성장하고 있어요

이 글은 필자와 인연을 맺고 함께했던 학부모님과의 문답입니다.

〈시아, 너의 모든 발걸음에 빛을 비춰줄게〉

치료센터의 문을 당당하게 열고 들어오는 양갈래 머리의 예쁜 언니, 유모차에 타고 사탕을 먹고 있는 시아, 그리고 올 검정 복장으로 시아를 내려주는 어머님.

"어머님, 오늘 복장 컨셉이 닌자같으세요!"

"호호호, 선생님, 저희 신랑도 아침에 그렇게 말했어요"

시아 어머님은 항상 웃음이 많으시지요. 그런 엄마를 따라서 시아도, 시아 언니도 얼굴에 미소가 가득합니다. 아이들을 데리고 매주 기차를 타고 이곳 치료실까지 오시는 어머니. 비가 오나, 바람이 부나 시아 가족의 성실함은 선생님인 저도 인정하였지요.

특히 시아는 엄마와 언니와 소통이 좋아요. 저는 시아의 발달도 중요하지만 아이의 마음에 공감하고 노력하는 부분에 많은 감정을 느낍니다. 그 부분은 어떠한 특수 수업보다도 중요한 부분이니까요.

그런 어머니께, 시아에 대한 질문을 드렸습니다. 시아 어머님은 질문과 답변을 통해 세상 모든 발달 아이의 부모님들께, 끝이 보이지는 않지만 조금씩 성장하는 아이의 마음을, 포기하지 말아달란 메시지를 전합니다.

저자) 아이가 첫 특수 수업을 받게 된 계기는 무엇이었나요. 방문병원의 의견은 어땠나요?

시아맘) 16개월 때까지 호명 반응이 없었고 눈맞춤이 약했어요. 무엇보다 무발화(말트임 없음)로 21개월쯤 병원에 내원하여 자폐스펙트럼 의심 및 전반적인 발달지연 소견을 받게 되어 특수 수업을 시작하게 되었습니다.

저자) 몇 살 때 어떤 특수 수업(치료)부터 시작하였나요? 동시에 병행한 수업은 어떤 것이 있을까요?

시아맘) 21개월에 언어치료를 시작으로 음악치료, 감각통합치료, 작업치료, 놀이치료, **ABA치료**, 무발화(말트임 없음)(언어), 특수체육, 첨단인지과학, **소리뇌파치료**를 진행하였고 **첨단인지과학**, 소리뇌파를 제외한 치료는 현재까지 모

ABA 치료

응용행동분석치료. 아동의 행동을 분석하여 아이에게 맞는 치료를 적용하는 치료방법. 적절한 행동의 강화, 부적절한 행동의 소거 등.

소리뇌파 치료

학습능력, 집중력 향상을 위해 양쪽 귀에 소리뇌파(알파파, 세타파, 베타파)를 들려주어 현재의 뇌파를 인위적인 뇌파와 같이 동기화시켜주는 청각-인지훈련.

첨단인지과학 치료

첨단인지과학프로그램은 크게 첨단인지(뇌 기반 인지치료), FIE(이스라엘 인지교육), 플로어타임(발달치료), 언어치료, 일반상담 5가지가 있다. 그 중 플로어타임은 자폐증을 포함한 다양한 발달장애를 가진 아동과 가족들을 위한 통합 수업. 눈 맞춤과 상호작용 저조, 화용론에 초점을 둔 치료.

두 병행하여 치료받고 있습니다.

저자) 특수 수업(치료)을 받으며 아이에게 가장 효과적이었던 것은 어느 것이었나요?

시아맘) 무발화(말트임 없음)센터에서 아이가 발화(말트임)가 되었고 음악치료를 접하면서 아이의 둔했던 청각 반응이 조금 빨라졌던 것 같아요.

저자) 아이가 잘 성장하고 발전하게 되었던 학습이나 가정에서의 시도 혹은 특별한 취미가 있을까요?

시아맘) 시아는 가정에서는 전혀 학습하려 하지 않아요(사실 치료스케줄이 빡빡해서 아이에게 안쓰러운 생각이 있어요. 그래서 집에서는 최대한 편안하게 해주려고 해요.)

시아가 좋아하는 잡기놀이를 해서 많이 웃고 많이 활동하게 해주고 아이를 위아래로 안아주는 몸놀이 위주로 놀이를 하고 있습니다. 집에 정글짐 및 구름사다리 그네 등 가정용 감통 기구를 구입하여 대근육 발달 및 놀이 확장을 위해 노력중입니다.

저자) 아이의 성인기와 미래에 대한 어떤 생각을 하시나요?

시아맘) 사실, 지금 당장 아이의 행동 하나하나를 보며 오늘, 내일 걱정할 것도 많고 하루에 몇 번씩 아이를 보며 감정의 변화들이 생겨요(희망이 보였다가 좌절 했다가를 수백번 하는 것 같아요.)

미래까지 생각하면 오히려 버티지 못할 것 같아요. 시아의 하루가 오늘보다 나은 내일이면 된다는 생각으로 미래를 그립니다.

에필로그

자폐인 변호사를 모델로 제작한 '이상한 변호사 우영우'는 2022년에 방영되어 전 세계적인 인기를 끌었던 드라마입니다. 천재적인 두뇌와 자폐스펙트럼을 동시에 가진 신입 변호사 우영우가 대형 로펌에서 서툴고 엉뚱하지만 자신만의 방법으로 사건을 처리하는 통쾌한 모습에 대중의 인기는 식을 줄 몰랐었지요.

바람에 머리가 날리고, 돌고래가 헤엄을 치면 떠오르는, 놀라운 아이디어로 매회 복잡한 사건을 지혜롭게 풀어나가는 모습을 보며 시청자들의 재미와 감탄을 불러일으킵니다. 그리고 사람들의 자폐인에 대한 생각과 '서번트' 능력에 대해 다시 돌아보게 되었습니다.

장애인에 대한 인식은 세계적으로 개선되고 있습니다. '평등', '인권존중', '권리'는 선진화된 사회에서의 발전된 시민의식으로 외모보다는 각자가 가진 재능을 우선으로 성장해 가고 있지요.

'모두를 위한 변화'로 유니버셜 디자인은 이용하는 사람의 성별, 나이, 장애, 언어 등으로 인해 제약을 받지 않도록 설계되어 나갑니다. 또 제과점과 카페에서는 아스퍼거 장애가 있는 사람들의 서비스를 받을 수 있고 또 '장애인 인식 개선사업'을 위한 그림 전시회와 작품들노 사회적 이목을 끌고 있습니다. 사람들의 인식이 변하고 있기 때문입니다. 장애가 있어도 모든 인간은 절대적 소중한 존재로서 인정받고 사랑받고 살아갈 권리가 있기 때문입니다. 그렇기에 더 나은 삶을 향해 나아가는 용기가 생깁니다.

하지만 여전히 우리 사회에는 장애인에 대한 불평등 문제가 존재하고 있습니다. 장애인차별철폐연대는 승객이 많은 출·퇴근 시간에 지하철에서 시위를 벌이고, 이를 보며 일부 정치인들은 쓴소리를 하기도 했습니다.

이 책은 부모님의 마음, 발달 장애인의 마음, 그 아이를 가르치는 선생님의 마음, 치료사의 마음을 생각하고 또 생각하며 한 장, 한 장 적어 내려갔습니다.

장애인 아이보다 하루만 더 살길 바라는 부모님의 마음을 담아 그 소중하고 간절한 마음을 담아 써내려 갔습니다. 함께 걸어 나가는 길과 걸어가야 할 길, 겪고 지나쳐야 할 길들을 생각하며 책에 담았습니다. 치료사로서, 선생님으로서 아이들과 부모님의 교육에 소명감을 가지고 작성해나갔습니다.

이 책을 통하여 함께 울어줄 순 없지만 매일 매일을 함께 웃어주고 용기를 드리고 싶습니다.

"지금, 잘하고 계세요. 행복해요, 우리 모두."